Christine Laperriere

Ocupada(o) demais para *ser feliz!*

8 práticas para lidar com o estresse no dia a dia

TRADUÇÃO
UBK Publishing House

ubook ubk Publishing House

Publicado mediante acordo com DropCap Rights Agency. Edição traduzida do livro *Too Busy to Be Happy: Using Emotional Real Estate to Grow Your Work-Life Wisdom*, publicado por Lioncrest Publishing.

ubook UBK Publishing House

COORDENAÇÃO Alessandra Brito
EDIÇÃO Fernanda Barreto
COPIDESQUE Renata Medeiros
REVISÃO Vivian Sbravatti e Diego Franco Gonçales
CAPA Bookallbook
DIAGRAMAÇÃO Bruno Santos
IMEGEM DE CAPA peshkova | adobestock.com

Dados Internacionais de Catalogação na Publicação (CIP)
(Câmara Brasileira do Livro, SP, Brasil)

Laperriere, Christine
Ocupada(o) demais para ser feliz : 8 práticas para lidar com o estresse no dia a dia / Christine Laperriere ; tradução UBK Publishing House. -- Rio de Janeiro : Ubook Editora, 2021.

Título original: Too busy to be happy: using emotional real estate to grow your work-life wisdom
ISBN 978-65-5875-635-4

1. Administração de estresse 2. Controle do estresse 3. Emoções 4. Estresse (Psicologia) 5. Estresse no trabalho I. Título.

21-63717 CDD-158

Ubook Editora S.A
Av. das Américas, 500, Bloco 12, Salas 303/304,
Barra da Tijuca, Rio de Janeiro/RJ.
Cep.: 22.640-100
Tel.: (21) 3570-8150

Dedico este livro aos meus dois filhos incríveis, Catrina e Xander. Nesta obra, estão descritas as ferramentas e as práticas que me comprometi a usar em meu esforço para ser a melhor mãe que eu poderia ser.

Sumário

PARTE DOIS: CONCEITOS CENTRAIS

PARTE TRÊS: TRAZENDO CONCEITOS À PRÁTICA

PARTE QUATRO: SEU KIT DE FERRAMENTAS PARA A SABEDORIA PARA CONCILIAR A VIDA PESSOAL COM A PROFISSIONAL

Introdução

Se quer voar, é preciso desistir das merdas que te jogam para baixo
— Toni Morrison

Anos atrás, fui convidada para ministrar um curso sobre autoaperfeiçoamento para um grande grupo de gerentes e executivos. O homem que liderava a implantação do programa tinha decidido que essa era a denominação correta para o curso, mesmo com a minha dificuldade para entender o que isso significava. Com o intuito de me preparar para o evento, passei um longo período em meu escritório tentando descobrir o que eu realmente sabia sobre o tema. Será que eu teria o conhecimento necessário para dar um curso?

Passei sete anos na escola de engenharia. Sobrevivi a anos de cálculo, tanto na graduação quanto no mestrado. Como engenheira, fui designer de automóveis em uma das três grandes empresas automotivas norte-americanas, o que despertava inveja na maioria dos homens em todos os jantares dos quais participava. Trabalhei em consultoria de gestão, o que me ajudou a construir uma visão empresarial capaz de gerar confiança, ajudar clientes e renovar negócios. Eu tinha começado minha própria consultoria e estava ficando conhecida por meu trabalho, que se baseava em auxiliar equipes a atingirem um nível superior de desempenho. Vendo de fora, eu havia alcançado muita coisa. Mas que tipo de conhecimento eu realmente tinha para compartilhar? Aquelas pessoas também tinham listas cheias de conquistas. A única realização que eu considerava extraordinária era uma para a qual eu não havia me preparado para aprender: como administrar meu estresse e, finalmente, vencer minha grande batalha contra o burnout.

É importante saber que sou especialista em estar atarefada. Durante a maior parte da minha vida, fui especialista em estar ocupada demais para ser feliz. Minha rotina atribulada acabou me levando à exaustão e, depois, a anos dedicados a me curar e a aprender tudo o que podia para recuperar o tempo perdido. Eu queria descobrir como era estar, ao mesmo tempo, ocupada *e* feliz. Hoje posso dizer que obtive grandes ganhos nessa área graças à estrutura de espaços emocionais. Embora estivesse preocupada com o fato de que os participantes teriam vontade de receber o dinheiro de volta após minha fala, assumi o risco e ministrei o curso em torno dessa estrutura com o seguinte objetivo: ajudar as pessoas a entenderem como conciliar com sabedoria vida pessoal e trabalho. Eu queria que elas soubessem como trazer a felicidade de volta às suas vidas atribuladas.

Embora eu não tenha dormido durante a noite anterior ao curso, as participantes — uma sala cheia de mulheres bem-sucedidas — amaram o conteúdo, para minha surpresa.

Em cada intervalo, e também após a aula, elas vinham uma a uma ao meu encontro para agradecer e dizer que, finalmente, haviam entendido o que estava acontecendo em sua vida. Cerca de 25 pessoas me contaram suas histórias — como se sentiam por não conseguir administrar a vida de sucesso que conquistaram. Muitas relataram que seus níveis de estresse eram altos e que encontrar o equilíbrio era difícil. Revelaram também que se sentiam sufocadas por suas listas de afazeres. Mulheres por quem eu estava intimidada, pois pareciam ter tudo sob controle, desabafavam: "Ah, meu Deus, a mesma coisa está acontecendo comigo". Assim como eu, elas tinham passado horas em cursos e conferências como aquela, nas quais foram treinadas para vendas, comunicação e todo tipo de táticas, mas nunca sobre como lidar com o estresse. Esse é um dos maiores problemas que compartilhamos. Como administrar tudo isso?

Robert Epstein, PhD do American Institute for Behavioral Research and Technology, entrevistou três mil pessoas sobre o estresse e seus efeitos. Nesse estudo, ele descobriu que 25 por cento da nossa felicidade depende de quão bem lidamos com o estresse.[1] No entanto, *ninguém* conversa conosco sobre esse problema, que nos faz perder o sono à noite e acaba refletindo em nosso dia a dia. É por esse motivo que existe um enorme mercado de produtos farmacêuticos prometendo controlar o estresse e as doenças geradas por ele. Essa também é a razão pela qual tantas pessoas lutam hoje contra a depressão e, às vezes, se entregam às drogas e ao álcool. Esse é um dos motivos de estarmos frustrados no trabalho e em nossas casas: o estresse está diretamente ligado à nossa sensação de felicidade (ou à falta dela).

Eu havia encontrado um caminho. Então, comecei a ensinar esse conteúdo regularmente. Foram muitas as vezes que, em restaurantes ou eventos, pessoas vieram falar comigo, pois se lembravam do conteúdo ensinado durante o meu curso. Elas me agradeciam e repetiam, incansavelmente, o termo: espaço emocional. Elas contavam sobre como compartilharam a ideia com a irmã, o amigo ou o marido, e como achavam que aquilo deveria fazer parte da educação básica. As pessoas comentavam ainda que estavam tomando decisões diferentes no intuito de aplicar suas energias de forma mais consciente. Perguntavam onde poderiam ler mais sobre o assunto. Foi como mágica. Eu estava inserida em algo que não só mudou minha vida, como também poderia realmente ajudar outras pessoas.

Então, ao embarcarmos nesta jornada juntos, quero começar fazendo uma pergunta: você está ocupado demais para ser feliz?

Quando você ouve pessoas falando sobre equilíbrio entre trabalho e vida pessoal como se existisse uma fórmula perfeita que "dê conta de tudo", já se pegou pensando "*Até parece!*"

---

1. Disponível em: <https://www.everydayhealth.com/womens-health/physical-side-of-stress.aspx e https://drrobertepstein.com/>.

A ideia de equilíbrio faz parecer, antes de mais nada, que a divisão entre trabalho e vida pessoal deve ser 50/50 e que o todo é formado apenas por esses dois elementos. Buscar o conceito ideal de equilíbrio nos faz pensar, incorretamente, que ao alcançar esse ideal seríamos felizes o tempo todo. Afinal, se você conseguir dar exatamente metade de si mesmo aos seus filhos, marido, trabalho e a uma tentativa de vida social, por que *não seria* feliz?

Mas sabemos que isso não é tão simples assim. O equilíbrio está relacionado não a uma balança de precisão, mas a equilibrar pratos girando sobre varetas. E, se você for como eu, está cansado de pisar nos cacos desses pratos.

Aqui está o ponto inicial: mesmo quando sua agenda está extremamente lotada, o estar ocupado não é o real cerne da questão. É a culpa. É como se não existisse tempo suficiente para se dedicar ao que realmente importa. É ficar furioso consigo mesmo quando procrastina as tarefas nas quais gostaria de focar. É como continuar dizendo: "Eu deveria fazer isso" — como você continua cobrando de si mesmo. *Eu deveria me exercitar mais, deveria comer melhor, deveria começar a academia, deveria ler mais livros, deveria fazer aquele curso.* São as caixas de DVD empoeiradas ou os downloads de vídeos com aulas de ioga que você jura que vai olhar quando tiver mais tempo. São as coisas que você deixa por perto porque tem certeza de que, não agora, mas, um dia, será capaz de se dedicar a elas.

Se você está ocupado demais para ser feliz, então tem que lidar com uma questão mais importante do que o equilíbrio. Na verdade, a luta por equilíbrio cria uma vertigem mental em que você está sempre contrabalançando e deslocando a carga de um lado para o outro. Você se comprometeu (*de corpo e alma*) com mais coisas do que pode dar conta. Entendemos isso com tempo e dinheiro. Sabemos que as horas no dia e os dólares no banco são recursos limitados. Às vezes podemos pegar um tempo emprestado do sono ou utilizar o cartão de crédito, e estamos cientes de que teremos que pagar a dívida. Mas, quando se trata de energia e foco, tendemos a gastar em excesso sem pensar duas vezes. Nesse caso, a dívida se acumula, embora seja menos óbvia de se ver. A qualidade de nossas relações sofre, a qualidade de nossa saúde sofre e, por fim, se não cuidarmos da situação, sentimos nossa alma sendo sugada até secar.

Isso é estresse. É quando a carga de trabalho é maior do que os recursos disponíveis para a realização desse trabalho. E, se continuarmos a emprestar tais recursos à custa de estresse, as consequências podem variar desde pequenos momentos perdidos a danos irreparáveis à saúde, aos relacionamentos e à carreira.

Todos ficam estressados, embora eu tenha percebido que os homens parecem permanecer mais centrados em seus objetivos e focados naquilo que pretendem atingir, sendo capazes de separar as situações em compartimentos para, assim, experimentar o estresse de diferentes maneiras. As mulheres, por sua vez, tendem a assumir e a manter em movimento 17 coisas distintas de uma só vez. Enquanto ajudamos uma filha a vender bolos, estamos nos preparando para a reunião da diretoria, pensando se a outra filha tem tudo o que precisa para a aula de natação de amanhã e planejando comprar um presente para o aniversário de um colega de trabalho no final daquela semana. É um jogo mental que muitas de nós pensamos não ser possível parar de jogar. Da mãe em tempo integral para a superprofissional, é como se um rolo compressor espalhasse nosso foco sobre tudo o que está acontecendo, tudo de uma só vez. E, assim, convencemos a nós mesmas de que tudo está no mesmo nível de prioridade. Essa é uma forma insustentável de perseguir um objetivo inatingível, mas muitas de nós continuamos tentando de qualquer forma.

Acredite em mim, eu sei. Nos próximos capítulos, vou contar como permiti que o estresse começasse a tomar conta da minha vida e como o esgotamento acabou se tornando pesado demais. A boa notícia é que você não precisa atingir esse mesmo nível de burnout, perder o *equilíbrio* entre vida profissional e pessoal, para só então ir atrás de *sabedoria* para, enfim, conciliar ambos.

TENDO SABEDORIA PARA PARAR DE SE EQUILIBRAR

Diga-me se alguma destas coisas parece familiar para você. Eu costumava, mesmo quando extremamente atarefada, encaixar mais atividades em minha agenda. Eu sentia que era necessário continuar acrescentando mais e mais coisas em minha rotina, pois precisava acompanhar tudo de perto. Surgia algum momento de descanso? Eu deveria ouvir três capítulos de um audiolivro de autoajuda! Meia hora no carro dirigindo para casa? Era o tempo perfeito para repensar uma conversa que tive com um colega de equipe e justificar ainda mais o que eu disse naquela reunião. Quarenta e cinco minutos na esteira? Uma chance de considerar como modificar aquele projeto fracassado. Mentalmente, eu não descansava. Mesmo se estivesse comendo sorvete e assistindo Netflix, por dentro eu estava traçando um caminho para meu próximo grande objetivo. Se não estivesse de algum modo ocupada ou estressada, sentia que estava faltando algo. Eu presumia que não estava vivenciando ao máximo meu potencial, a menos que cada segundo fosse preenchido. Então, nunca deixava minha mente tranquila. Essa atitude me manteve implacavelmente ocupada e, em última análise, infeliz.

Eu devorei diversas obras tentando descobrir como fiquei ocupada demais para ser feliz. Talvez este não seja o primeiro livro que você lê sobre o assunto. E embora eu apreciasse o bordão entre os autores — vá com calma, tente ioga, pratique meditação — eu nunca consegui tempo para praticar nenhum desses conselhos. A meditação, particularmente, parecia algo ridículo. Passar horas sem fazer nada, como eu presumia, ia contra tudo aquilo que eu acreditava. Eu me esquivava frente à possibilidade de desacelerar a mente. Eu me sentia sem importância quando não tinha algo representativo em que pensar. Então, se nenhum dos melhores livros tinha a resposta, como eu poderia encontrar esse famoso "equilíbrio" de que tanto ouvia falar?

Quando você está ocupado demais para ser feliz, há uma sensação de estar fora de controle. Seja devido à agenda constantemente cheia, seja devido à mente que nunca descansa, escolher a felicidade e encontrar tempo para si mesmo parece impossível.

No auge da minha carreira, sentia como se estivesse em uma esteira cada vez mais rápida e aquilo era tudo o que eu tinha que fazer para não cair. Como Lucille Ball na fábrica de doces,[2] eu pegava tudo o que passava por mim, enfiando em meus bolsos, "comendo" tudo o que podia, sem nunca conseguir dar conta de nada. O que eu não sabia era que podia desacelerar a máquina. Esse é o problema do esgotamento, ele é reativo. Parece que tudo acontece *com* você, e você precisa responder a tudo aquilo.

O conceito de equilíbrio implica que, se as coisas não estiverem exatamente onde deveriam estar, você escorregará e fracassará. A esteira continuará funcionando, então, ou você continua até se esgotar, ou a abandona completamente. Aplicar a sabedoria na relação entre trabalho e vida pessoal, por outro lado, permite-nos otimizar nossa energia para recuperarmos as rédeas de nossas vidas.

Em vez de visar o equilíbrio, inclinando delicadamente a balança para um ou outro lado, fazer uso da sabedoria para conciliar vida pessoal e profissional pode criar o ambiente necessário para que sejamos, ao mesmo tempo, felizes *e* ocupados. Enquanto o equilíbrio exige uma agenda cheia para agradar a tudo e a todos, a sabedoria nos permite passar o dia no ritmo de nossas prioridades no momento, aliadas aos nossos pontos fortes e às nossas paixões.

Ter sabedoria para conciliar vida pessoal e trabalho é perceber o quanto você sente falta de seus filhos depois de não ter conseguido jantar com eles por dois dias seguidos — e esse sentimento se mostra como as engrenagens de um carro quando você perde o momento de mudar de marcha. É estar em paz quando tudo está correndo bem e saber quando alguns ajustes são necessários. É estabelecer prioridades e tomar decisões estando presente em todos os momentos que fazem parte da sua vida. É nos perguntarmos não somente se tivemos tempo

2. Referência a uma cena da sitcom *I Love Lucy*. Trabalhando em uma fábrica de balas, a protagonista se vê engolfada pela velocidade da linha de produção, que traz mais balas do que ela é capaz de embalar.

ou dinheiro suficientes, mas se tivemos energia suficiente — espaços emocionais suficientes.

Apostar na sabedoria para conciliar vida pessoal e trabalho é capacitar-se para finalmente abrir mão de uma vida extremamente atribulada. Neste livro, quero que você aprenda o que são limites e como eles podem o ajudar a ter autonomia diante de suas decisões na vida. Você não tem que se acomodar. Você pode aprender a administrar sua vida em vez de reagir à forma como ela vem maltratando você.

Aprender a implementar essa sabedoria requer mais do que escrever uma nova lista de afazeres. Isso requer que você assuma uma perspectiva totalmente diferente, como aprender uma nova língua. Eu chamo essa língua de "espaços emocionais", e é nela que quero que você seja fluente até o final deste livro.

Através das estruturas dos espaços emocionais, encontrei e criei ferramentas e práticas confiáveis que têm ajudado não só a mim, mas a muitos dos meus clientes a navegar em nossas vidas atribuladas sem sucumbir a elas. Há uma realidade muito melhor esperando por nós quando aprendemos a empregar tal equilíbrio efetivamente em nossas vidas. Do outro lado dos espaços emocionais há um genuíno desfrute de nossas vidas ocupadas e modernas. É como podemos parar para sentir o cheiro das rosas, com tranquilidade.

O QUE ESPERAR DAS PRÓXIMAS PÁGINAS

Seja você quem for e seja qual for a sua história, quero que tenha isto em mente: o paradigma dos espaços emocionais pode o ajudar a tomar decisões, a negociar conflitos, a administrar mudanças, a deixar para trás as velhas bagagens e a preparar as futuras bagagens. Quero que saiba que você pode criar consciência sobre como são seus espaços emocionais e tornar-se empoderado para fazer escolhas que o ajudem a administrar sua energia com sabedoria.

Se você sente que não consegue encontrar tempo para ser feliz, espero que essas ferramentas o ajudem nessa tarefa. Caso sinta-se perto do burnout e queira evitá-lo, espero que essas ferramentas o ajudem a não chegar no fundo do poço. Se estiver reconstruindo sua vida, espero ensiná-lo a perceber o que vem fazendo corretamente para continuar nesse caminho. Digo que "espero" porque este livro não é para pessoas que querem pensar apenas uma vez sobre essas ideias. Este livro é para quem sabe que o progresso vem com a prática. Ao adotar corretamente esses conceitos, espero que um dia você se sinta como naqueles anúncios no Facebook que mostram o antes e o depois após da prática de dieta ou de exercícios físicos. Você vai olhar no espelho e se identificar com a foto do "depois", parecendo mais forte e feliz, levantando aqueles pesos com confiança.

Aprendi essas lições da maneira mais difícil, e vou desafiar você a abandonar hábitos que o acompanham ao longo de muitos anos — hábitos que lhe serviram de alguma forma e que, por isso, será difícil deixá-los. Nestas páginas, eu o ajudarei a entender como funciona todo o sistema que envolve o estresse e, também, a identificar zonas perigosas. Você começará a notar quando estiver sucumbindo às circunstâncias e voltando a velhos hábitos, e terá as ferramentas para parar a espiral antes que ela comece. Penso nisso como um impulso constante para o futuro; se a felicidade existe em uma escala de um a dez, gerenciar seus espaços emocionais o ajudará a se aproximar do dez a cada dia.

Na primeira parte, serei sincera com você e o levarei na minha jornada desde o burnout até a recuperação. Não é um sonho idílico sobre uma vida equilibrada ou uma receita médica única para adicionar à sua crescente lista de obrigações. Eu vivi essa jornada intensamente e posso compartilhar os conceitos e as ferramentas que usei para encontrar uma saída.

Na segunda parte, compartilharei conceitos críticos que você precisa entender. Se quer ir direto ao cerne, pule logo para essa seção. Leia e releia para, dessa forma, se sentir completamente familiarizado com esses conceitos que, embora simples, são muito úteis.

Na terceira parte, com o conhecimento sobre a linguagem dos espaços emocionais, estaremos preparados para entender as especificidades das ferramentas. Um a um, vamos caminhar através dos hábitos e das perspectivas que ocupam sua propriedade emocional e entender quais ferramentas você precisa utilizar para esvaziá-lo.

Ao final do livro, você terá não apenas um novo contexto para a tomada de decisões, mas um kit de ferramentas cheio de hábitos práticos, exercícios, pensamentos e rotinas prontas à sua disposição. Eu poderia simplesmente oferecer essa nova perspectiva, uma infraestrutura de sabedoria para conciliar vida pessoal e trabalho baseada no que aprendi. Mas espero que você aprenda com este livro mais do que apenas lições e discursos. Eu o encorajo a sentar com caneta e papel, pensar em cada conceito e ferramenta de trabalho e, em seguida, colocá-los em prática. Procure seus amigos, colegas de trabalho ou mentores e fale sobre espaços emocionais com eles. Trabalhe com essas ferramentas lado a lado. Compartilhe a linguagem dos espaços emocionais com outras pessoas que podem incentivar você em seu caminho. Apoiem-se mutuamente à medida que recuperam o controle e passam a redescobrir como criar mais felicidade.

Com a mentalidade correta e um bom conjunto de ferramentas, você pode ser ocupado *e* feliz ao mesmo tempo. Eu prometo.

Parte um:

Minha história

Capítulo um

Workaholics anônimos

Eu tenho uma teoria de que o burnout tem a ver com o ressentimento. E você vence esse problema ao reconhecer aquilo que o deixa ressentido e do que está abrindo mão.

— Marissa Mayer

Saúde não é apenas o que você está comendo, mas também o que você está pensando e dizendo.

— Penny Phang

Sempre fui inclinada a ter sucesso. Durante muito tempo, minha personalidade de alto desempenho parecia ser um dos meus principais pontos fortes. A maioria dos meus colegas me enxergava como ambiciosa e focada no trabalho. Depois de terminar a graduação e o mestrado, comecei minha carreira em engenharia em um dos maiores fabricantes norte-americanos de automóveis— meu emprego dos sonhos.

Depois de alguns anos, eu queria assumir um desafio maior, então eles me enviaram para o setor de fabricação. Como não foi o suficiente, deixei o cargo para trabalhar na gestão de uma empresa de consultoria. Em poucas semanas, eles me promoveram e ganhei meu primeiro cargo de liderança. Agora eu tinha pessoas se reportando a mim, estava morando em um condomínio elegante no centro de Toronto e dirigindo um Mercedes vermelho. Eu havia conquistado tudo aquilo que sempre sonhei: trabalho importante, cidade grande, carro chique, coquetéis com amigos, viagens a negócios por toda a América do Norte e liberdade para programar férias de luxo.

Então, por que — mesmo nos meus "bons" dias — eu não me sentia feliz?

Durante anos, estive extremamente motivada a continuar a ser bem-sucedida profissionalmente, e eu admirava isso em mim mesma. Gostava de trabalhar e sempre acreditei que com muito trabalho eu poderia fazer qualquer coisa acontecer. Eu não tinha chegado ali por engano. Eu havia imaginado a vida que queria e fiz acontecer. Mas, mesmo assim, eu não me sentia feliz.

OCUPADA DEMAIS PARA OLHAR PARA TRÁS

Essa não era a primeira vez em que eu havia conquistado o sucesso sem realmente saber se estava feliz. Ao olhar para trás, vejo que sempre fui multitarefa. No ensino médio, participei de teatro, esportes e música, enquanto tocava meu próprio negócio de manicure e participava de aulas avançadas de matemática e ciências. Foi a mesma coisa na faculdade. Fui a primeira mulher gerente de projeto da Sociedade de Fórmula 1 da equipe de Engenheiros Automotivos, responsável por construir um carro de corrida para competir com escolas de todo o mundo. Ah, eu mencionei tutoria de meio período, vida social agitada e um namorado? Estava constantemente fazendo malabarismos extracurriculares, terminando um grande projeto, ou estabelecendo um novo objetivo.

Quando estava estudando para o mestrado, minha avó passava seus últimos dias no hospital. Para garantir que eu não encurtaria minhas horas de trabalho, começava antes das sete da manhã para compensar o período do almoço que passaria com ela. Então voltava tarde para casa e dava continuidade aos estudos de meus cursos noite adentro. Eu era mestre em andar sobre a esteira cada vez mais rapidamente, porém havia consequências ocasionais. Lembro-me de uma vez acordar com uma terrível dor de dente em um molar que tinha rachado enquanto rangia meus dentes durante o sono, isso após ter estudado até três da manhã para uma prova.

Pensei que uma programação mais eficiente faria tudo funcionar. Só temos 24 horas no dia, e eu queria aproveitar ao máximo cada uma delas. Então, em vez de me sentir motivada por minha lista de afazeres, eu me concentrava em uma lista mental de "coisas que não consegui fazer". No momento que saía do escritório, sentia-me culpada pelas dezenas de tarefas das quais não tinha dado conta. Caso eu não tivesse feito item por item da lista, passava o tempo me punindo por não ter tido disciplina o suficiente. Lembro-me de dizer ao meu chefe certa vez: "Tenho 74 tarefas em minha lista de afazeres esta semana", e eu não estava exagerando. Era impossível, mas pensei que, se me esforçasse ainda mais, eu *daria* conta de tudo. Olhando para trás, vejo como é incrível o quanto de ocupação mental podemos criar para nós mesmos.

Além do empenho no trabalho, sempre me esforcei para ter clareza sobre minhas decisões. Eu estava sempre tentando analisar meus relacionamentos, perguntando-me "devo ficar, ou devo ir"? Nenhuma decisão era tomada sem que a situação fosse cuidadosamente analisada. Era uma tensão mental constante, avaliando se aquela relação estava correta, se aquele comentário significava algo mais ou como aquilo havia sido frustrante. As pequenas coisas, quando colocarmos energia demais, se tornam um enorme fardo que mal podemos carregar, que dirá nos livrar delas. Eu trazia comigo tanta bagagem do meu passado e tantas expectativas para o futuro que parecia tentar viver nos dois ao mesmo tempo. Eu não deixava nada para trás. Minha autocrítica gritava tão alto que silenciou meu eu interior.

OCUPADA DEMAIS PARA RESPIRAR

Voltemos ao sentimento de infelicidade. Por causa do meu esforço em consultoria, eu tinha acabado de ser eleita gerente do ano e fui premiada com outra promoção, tinha uma equipe maior e mais responsabilidade. Foi meu primeiro prêmio reconhecível de liderança e uma incrível guinada na carreira. Ironicamente, na mesma noite em que recebi o prêmio, durante um evento da empresa, meu relacionamento de longo prazo desmoronou bem diante dos meus olhos. Em poucos dias, eu estava no meio de uma inesperada e dolorosa separação, enquanto minhas expectativas no trabalho eram maiores do que nunca. Comecei a viajar toda semana, de avião, trem e automóvel para ir de tarefa em tarefa e de equipe em equipe. As noites de domingo eram cheias de pavor. Na segunda-feira, acordava às quatro da manhã para fazer as malas e pegar um voo às seis para Newark, Nova Jersey. Na quinta-feira, chegava em casa tarde da noite após as costumeiras horas de atraso na viagem. Às sextas-feiras, e durante o fim de semana, eu liderava uma equipe de projeto em Toronto e passava o dia focada em tudo o que não havia sido terminado durante a semana. Eu abria meu notebook pela manhã e geralmente não o fechava até tarde da noite. Eu dizia sim a cada nova tarefa que caía no meu colo, e a depressão ia se infiltrando.

Eu perdi o interesse em coisas que normalmente me faziam sentir viva. Meu senso de humor, meu amor pelas pessoas, minha criatividade... tudo começou a desvanecer. Sou naturalmente extrovertida e amo as pessoas, mas eventualmente perdi minha paixão por tudo o que conhecia. Eu sabia que estava deprimida, então, um fim de semana, em um esforço para me animar novamente, decidi ir a um evento do Tony Robbins. Como amo palestrantes motivacionais, assim como a energia de grandes eventos, imaginei que era daquilo que eu realmente precisava. Uma hora após o início do evento, Tony Robbins nos pediu para iniciar uma conversa com a pessoa que estivesse ao nosso lado. Por alguma razão, essa simples tarefa pareceu demais para mim. Eu não queria falar com ninguém, só queria ficar sozinha. Eu não tinha energia para lidar com esse tipo de coisa. Então, me levantei e saí.

Eu também tinha ambições destinadas à vida fora do trabalho, mas, ao chegar ao final do dia, eu não tinha vontade de fazer nada. Parei com os exercícios. Não queria mais ler livros que antes me inspiravam. Não tinha vontade de fazer absolutamente nada. Havia tantos compromissos que eu não conseguia cumprir, como ligar para minha mãe, para minha melhor amiga, ou cuidar de mim. Tudo o que eu fazia era dormir até que fosse hora de levantar e começar tudo de novo.

Ah, e a autocrítica era tão barulhenta! Em minha cabeça, constantemente ecoava a ideia de como eu era fraca e fracassada, de que simplesmente não era boa o suficiente. Eu me sentia como uma completa e total farsa; era como se alguém fosse descobrir que todo aquele sucesso tinha sido concedido à pessoa errada. Eu me pegava pensando repetidamente em como estava falhando em meu trabalho, em meus relacionamentos, na vida. Eu nunca compartilhei esses pensamentos. Guardei tudo para mim mesma, como um segredo profundo.

Não tinha como alguém na minha empresa saber que eu não estava dando conta do recado, especialmente depois de ter sido promovida e de ter pessoas se reportando a mim. Esse era meu sonho. Eu construí exatamente o que queria. A última coisa que poderia demonstrar era vulnerabilidade. Eu tinha certeza de que eles descobririam que eu não era suficientemente inteligente ou boa o bastante para estar naquela posição. Eles veriam as fraquezas que eu insistia em dizer que não tinha e deixariam de me ouvir. Foi o que eu disse a mim mesma, de qualquer forma. Mas, eventualmente, a tensão interna começou a se manifestar externamente.

Estranhos sintomas físicos passaram a mostrar que eu não estava nada bem. Nos raros momentos em que tive a oportunidade de recuperar o fôlego, descobri que, fisicamente, não podia fazer isso. Em reuniões, no avião, em casa — não importava o que eu estava fazendo, era impossível respirar fundo. Era como se alguém tivesse colocado uma pilha de livros sobre meu peito. Parecia piorar às vezes, quando eu tentava respirar fundo. Após meu voo matinal de segunda-feira, eu fazia o check-in mais cedo e, no quarto de hotel, me deitava na cama por alguns minutos e tentava respirar antes de ir para o escritório de meu cliente iniciar as reuniões do dia.

Quando aquele sentimento se tornava mais forte, eu me concentrava em meus pulmões e puxava o máximo de ar que podia, sentindo que não conseguia puxar ou liberar ar suficiente. Externamente, soava como um suspiro profundo e audível. Por várias vezes, respirava fundo em suspiros, a ponto de as pessoas pensarem que eu estava simplesmente irritada ou impaciente com elas. Não era raro colegas recuarem em algum ponto ou me perguntarem por que eu discordava deles; só então eu percebia que tinha dado um enorme suspiro e, assim, eles presumiram que minha linguagem corporal estava informando que eu não estava de acordo. Na realidade, eu estava prestando mais atenção na minha respiração do que na fala deles. Eu sentia dor ao respirar, e eu continuava tentando —como se estivesse trabalhando ou correndo para pegar um avião.

Eu tinha certeza de que aquilo era um sinal de que havia algo errado comigo. Por isso, passei todo o tempo em que não estava produzindo algo em consultas médicas. Fiz exames de apneia do sono, de alergia e de estresse, além de radiografias do tórax e ecocardiogramas. Foram diversos exames na tentativa de descobrir por que eu não conseguia recuperar o fôlego. Após completar a lista exaustiva, meu médico disse: "Procuramos em tudo, e tenho certeza absoluta de que seu problema respiratório está relacionado ao estresse".

Ele então rabiscou algo em um pedaço de papel, o arrancou e o entregou em minhas mãos. "Toma. Essa é uma prescrição para você fazer uso do Ativan. Pressupondo que tenha um trabalho muito estressante, acho que isso deve ajudar." Perguntei se ele tinha outras sugestões sobre como baixar meus níveis de estresse para que eu pudesse respirar novamente. Ele deu de ombros, não tinha. Questionei ainda quando deveria parar de tomar o Ativan, e ele disse que eu deveria tomá-lo continuamente, enquanto sofresse de estresse e a medicação estivesse ajudando.

Isso não poderia estar certo. Lá estava eu, uma mulher solteira, jovem e saudável segurando a prescrição de um medicamento para me ajudar a lidar com meu dia a dia, pois o estresse provocado por ele estava me tirando o fôlego.

O que você faz quando não pode ou não consegue lidar com a vida que idealizou para si mesmo?

Você continua vivendo, é claro. Ou, de qualquer forma, continua tentando. Eu nunca comprei aquele remédio. Continuei indo e voltando de Nova Jersey. Ainda tentava respirar no quarto do hotel. Ainda trabalhava mais do que todos, comia sozinha e ia para a cama para fazer tudo de novo no dia seguinte.

Eu continuava a temer as noites de domingo. Elas significavam que eu tinha cinco dias inteiros pela frente antes de recuperar novamente o fôlego. Passei a fracionar os dias da semana para sentir que estava fazendo progressos. Na terça-feira, quarenta por cento da minha semana tinha ficado para trás. Meio-dia de quarta-feira significava metade do caminho. A quinta-feira era ótima, pois, graças a Deus, já tinha chegado a oitenta por cento. O final de semana, no entanto, não era suficiente. Se eu perdesse meio dia lavando roupa ou respondendo recados, lamentaria a perda de um precioso tempo que deveria ter sido utilizado para relaxar.

Todas as manhãs, eu me arrastava para fora da cama, tentava me recompor no chuveiro e, enfim, passava a maquiagem — o rímel vinha por último — antes de sair para o trabalho. Com o passar dos dias, tornava-se cada vez mais difícil sair da cama. E ficava cada vez mais difícil me recompor no chuveiro. Era passar o rímel e sentir as lágrimas começarem a cair. Aquilo era mais do que rímel, era o último passo antes de caminhar porta afora, e isso era demais para mim.

Após semanas de lágrimas caindo enquanto aplicava o rímel, lembro que, finalmente, havia chegado à conclusão — eu não aguentava mais. Enquanto estava deitada no quarto do hotel, olhando para o teto, pensando no dia seguinte e no quão impossível seria passar por ele, percebi que só precisava de uma pausa. Não de um breve intervalo. Tirei alguns fins de semana mais longos e alguns dias de folga aqui e ali, mas nada disso foi suficiente. Talvez uma semana. Porém, eu sabia que voltaria e logo estaria igualmente cansada e infeliz.

Quanto mais longa eu imaginava ser a pausa, mais difícil parecia torná-la real. Não dava para deixar o escritório por duas ou três semanas. E, mesmo se fosse possível, não seria tempo suficiente. Ninguém entenderia. Eu estava convencida disso. Não havia como alguém compreender o quanto eu precisava dessa folga. Sentia que eles me enxergariam como fraca e incapaz de desempenhar meu trabalho. Teria que admitir ser realmente uma farsa, nem de perto eu tinha tanto potencial quanto todos achavam. Todos pensariam que eu não estava apta a vencer os obstáculos que sempre aparecem na vida das pessoas bem-sucedidas.

Se ao menos eu pudesse fazer uma pausa — e ter a permissão de todos para isso. Se ao menos eles sentissem que eu estava sendo corajosa e durona, não fraca. Eu queria ser perdoada por não ser capaz de aguentar mais o estresse de tudo aquilo.

Talvez se eu ficasse doente — doente de verdade — eu poderia ter uma pausa, e ninguém me julgaria. As pessoas sentiriam pena de mim e permitiriam que eu me afastasse a fim de cuidar da saúde. Realmente doente. Como as pessoas com câncer.

Caramba!

Olhando para trás, considero ser esse o meu momento mais sombrio. Eu tinha literalmente imaginado que ter um câncer seria a única maneira de pisar no freio e recuperar o fôlego. As expectativas que coloquei em mim mesma, assim como minha necessidade de permissão e de aceitação em relação aos outros, foram tão intensas que deixei meus pensamentos voarem até locais tenebrosos. A questão é que eu acreditava (e ainda acredito) tão piamente no poder da mente que percebi como minha situação era grave. Estava levando meu corpo até o limite e desgastando tanto minha mente que, se continuasse assim, era bem provável que ficasse mesmo muito doente.

Vamos ser sinceros. Se você está tão deprimido a ponto de pensar que um câncer parece ser a solução para um problema, sua saúde mental está mesmo comprometida. Diagnosticada ou não, minha mente estava doente. E, embora seja verdade que a saúde mental é muitas vezes deixada de lado, raramente valorizada por nossos empregadores, e até mesmo por nós mesmos, eu precisava atender ao meu estado emocional. Eu estava sofrendo um burnout e, para mudar aquela situação, precisava apenas da minha própria permissão.

Capítulo dois

Comer, rezar, respirar

Eu nunca vi nenhuma transformação que não tivesse iniciado com a pessoa ficando farta de suas próprias besteiras.
— Elizabeth Gilbert

No meu aniversário, ainda lutando para respirar na maioria dos dias e precisando desesperadamente de uma pausa, um amigo me presenteou com o livro *Comer, Rezar, Amar*, da autora Elizabeth Gilbert. Lembro exatamente desse momento ridiculamente clichê em minha vida: eu em um quarto de hotel, sozinha, rindo e chorando enquanto lia sobre viagens pela Itália, Índia e Bali que mudam nossa vida.

No livro, Gilbert fala sobre como o estresse que guardava dentro de si a deixou de joelhos, implorando para que algo mudasse. Como muitos de nós, sua vida não parecia tão ruim para uma pessoa comum, mas, por dentro, ela gritava por socorro. Ah, o quão bem eu entendia aquilo. A cada nova página, não pude deixar de pensar: será que não posso simplesmente ir embora por um tempo?

Depois de mais algumas semanas difíceis, finalmente consegui criar coragem para fazer o que precisava ser feito. Fui até meu chefe e disse a ele, sem rodeios, que tiraria uma licença de oito semanas, não remunerada.

"E se eu não quiser que você tire essa licença?", respondeu ele.

"Então terei que pedir demissão", falei com mais confiança do que achei que tivesse.

"Bem, então acho que você vai tirar uma licença", disse ele, nada animado, mas coagido a aceitar.

Embora isso possa soar como empoderamento, foi muito mais sobre como fiquei refém daquela situação. Meu nível de burnout estava tão alto e eu estava tão cansada que não havia outra escolha. Desligar completamente de tudo era o que eu podia fazer para me preservar.

Mesmo conseguindo a licença, não conseguia parar de pensar no fato de meu chefe, de minha equipe ou de meus clientes estarem decepcionados. Eu sabia que eles estavam. Muitos consideravam que havia uma tonelada de trabalho para ser feito naquele verão, e eu estava abandonando a equipe muito cedo. Algumas pessoas sugeriram que aquela iniciativa limitaria minha carreira. Pela primeira vez na vida, senti que precisava manter aquela decisão em prol da minha própria sanidade. Eu estava finalmente começando a priorizar minha saúde e bem-estar em vez de me importar com o que os outros pensavam de mim ou com o medo de tirar minha carreira dos trilhos. O cuidado comigo mesma pareceu ser o mais importante, e ninguém mais teria que validar minha decisão. Eu estava finalmente disposta a arriscar desapontar outras pessoas para honrar a mim mesma.

Minha próxima decisão foi entrar em contato com a minha melhor amiga. Contei o que eu havia feito e compartilhei com ela o plano de dar início à minha licença alugando um apartamento em Roma por um mês. Eu sabia que era necessário mais do que uma simples férias. Eu precisava de algo grandioso, e perguntei se ela queria vir comigo, pelo menos por algum tempo. Não demorou muito para que ela reservasse a passagem para ingressarmos juntas nessa.

Nas semanas seguintes, trabalhei mais do que nunca para deixar minha equipe e meus projetos prontos para serem conduzidos sem mim. Com isso, sofri ainda mais pressão do que antes, mas, embora ainda estivesse esgotada, a ideia de que estaria livre de tudo daquilo em alguns dias me deu força o suficiente para enfrentar a situação.

POR FAVOR, DESLIGUE PARA A DECOLAGEM

Lembro-me de embarcar no avião para a Itália completamente atordoada, sem ideia do que seria estar longe do trabalho por dois meses inteiros. Sem e-mails para responder, sem incêndios para apagar, sem nada para fazer.

O silêncio no avião era ensurdecedor. Pedi uma bebida ao comissário de bordo. E depois outra. E outra...

Depois de um longo cochilo embriagada, acordei em Roma. Estava pronta para me encontrar com minha melhor amiga, que chegaria em outro voo, e, em pouco tempo, daríamos início às nossas aventuras pela cidade.

Durante a primeira semana em Roma, ainda me sentia um pouco perdida. Parecia tão estranho pisar no freio. Mas, graças à minha melhor amiga, comíamos, bebíamos, visitávamos os pontos turísticos e, o mais importante, a gente ria. Explorávamos, caminhávamos um pouco mais, e novamente, ríamos — e ríamos, e ríamos mais um pouco. Lembro-me claramente de como os músculos das minhas bochechas doíam a cada dia, pois já eram meses sem uso. Percebi que havia esquecido completamente o quanto *adorava* rir!

Na segunda semana, passei a me sentir de férias. Relaxada e aproveitando cada momento, comecei a entrar em contato com minha sabedoria interior e a me sentir mais conectada ao meu corpo. Por vários dias, não sentia vontade de fazer muita coisa. Bastava dormir, sentar em uma linda *piazza* com uma xícara de cappuccino espumoso acompanhada de pequenos *biscotti*. Colocava meus óculos de sol para observar secretamente as pessoas sem deixar ninguém mais saber do meu segredo. Ficava olhando para os pombos brincando ao redor das estátuas no centro da *piazza* e imaginando se eles sabiam como era lindo o local onde moravam.

Na terceira semana, depois que minha amiga voltou para casa, com muitas fotos e histórias divertidas para contar, passei o tempo curtindo a cidade sozinha. Dito isso, foi interessante o quanto me esforcei para abrir mão de uma lista de afazeres diária ou algo específico a realizar. Isso me incomodou. Passar um dia sentindo que não estava "aproveitando bem o tempo". Tive que permitir que nada de interessante acontecesse um dia ou outro. Isso parecia loucura, especialmente na Itália — como eu poderia deixar essa viagem não valer a pena? Se eu dormisse e só chegasse para o café da manhã ao meiodia, logo pensava: "Você desperdiçou um dia na Itália. O que há de errado com você?!" A cada dia, precisava me acostumar com a ideia de que, se eu estava aproveitando o momento, isso era o suficiente.

Depois de encontrar e de fazer novos amigos pelo caminho, na quarta semana finalmente me senti totalmente curada. Era como se alguém tivesse levado um minúsculo instrumento cirúrgico até o fundo do meu cérebro e consertado cada pequena sinapse e cada conexão que não estava mais funcionando corretamente. Eu me senti cheia de vida, realmente viva e com muita energia. Descobri que podia simplesmente andar por aí, presente, relaxada, feliz, com a mente tranquila. Meu senso de humor sarcástico voltou. Adorei me sentar em um café e conversar com estranhos. Amei vaguear até a estação de trem e, acidentalmente, chegar até a Toscana e passar o dia por lá. Quando um garçom me trouxe um prato com manjericão fresco e tomates vermelhos brilhantes, saboreei cada sensação na tentativa de guardar aquele momento para sempre na memória. Só me dei conta de como meu cérebro tinha se desmantelado após tudo começar a se juntar novamente. Já estava há tanto tempo sem sentir preocupação ou medo que meu cérebro tinha se acostumado a um novo normal muito mais feliz. Ah, e percebi o quanto gosto da minha companhia! Eu sou realmente uma pessoa divertida para ter por perto (segundo eu mesma!).

Para minha surpresa, após as primeiras quatro semanas, que me pareceram de pura felicidade e cura, acordei começando a me sentir inquieta. E algo mais me pegou de surpresa: meus problemas com a respiração tinham desaparecido. Não tenho certeza de quando pude finalmente respirar plenamente, mas me dei conta de que, de alguma forma, aquele peso presente em meu peito, que me fazia lutar por cada fôlego, havia sumido.

ITALIANOS NÃO ENTENDEM O ESTRESSE

Só para deixar claro, não foi só o tempo longe da minha antiga vida que me permitiu recuperar o ânimo. A cultura italiana é algo completamente diferente. Eles não passam seus dias pulando de tarefa em tarefa. Uma noite, no início da viagem, dois italianos perguntaram à minha amiga e a mim se queríamos sair para jantar com eles no restaurante de sua família. O inglês dos rapazes era muito bom, e os sotaques adoráveis. Nós concordamos — como não concordaríamos?

Foi uma noite perfeita em Roma.

A noite de verão era quente, de céu límpido, e nós estávamos sentados no pátio de um belo e pequeno restaurante familiar, com vinho, comidas maravilhosas e companhias divertidas. Enquanto a noite avançava, e as estrelas surgiam, um dos italianos me perguntou o que havia me levado à Itália.

Eu disse a ele: "Ando muito estressada. Tenho uma rotina maçante, na qual trabalho por horas e horas extenuantes. Acabei desenvolvendo um problema de saúde, que me impedia de respirar, e meu médico explicou que isso era devido ao estresse".

Pela maneira como olhou para mim, posso dizer que ele estava tentando entender a minha história. Ele não tinha certeza do que pensar. Então, se debruçou sobre seu amigo, e eles conversaram em italiano por um segundo, enquanto ele não parava de olhar para mim.

Finalmente, declarou: "Desculpe! Mas não entendo essa palavra... *estresse*".

Não sei se realmente não existe uma palavra para estresse na língua italiana ou se aquele homem estava apenas sendo charmoso, mas era perceptível que ele tentava arduamente entender a minha história. De qualquer forma, de repente, calafrios nos braços me atingiram como uma grande descoberta. Utilizei o termo "estresse" para descrever tudo o que havia acontecido em minha vida e para explicar quem eu era. De certa forma, o uso dessa palavra me impediu de enxergar o problema mais de perto e de entender o que estava realmente acontecendo. Na sociedade norte-americana, usamos o estresse como uma etiqueta conveniente para várias coisas. Quantas pessoas têm problemas de saúde simplesmente taxados como "relacionados ao estresse"? Nós só os rotulamos dessa forma e seguimos em frente. Não consegue dormir à noite? Não consegue respirar? É apenas estresse. Se o médico pergunta se você está sob muito estresse, você responde: "Bem, é claro". Todos nós estamos, certo? E o meu favorito, quando amigos e familiares ouvem seus problemas, eles dizem: "Você não deve se estressar tanto".

Esse foi um momento crucial para mim. Comecei então a me perguntar: e se eu tirasse essa palavra do meu vocabulário? E se parasse de usar o estresse como um identificador para mim mesma? Percebi que, ao deixar o termo *estresse* de lado, eu me forçaria a olhar muito mais a fundo para o que está realmente implícito nesse conceito. Naquela mesma noite, tomei a decisão de não mais usar a palavra estresse para descrever uma doença, meus sentimentos ou a mim mesma. Eu teria que ser objetiva: de agora em diante, seria necessário articular como eu estava me sentindo, como "estou tendo dificuldades para tomar uma decisão", "tenho medo de ser julgada" ou "temo não fazer as pessoas felizes".

Se estresse é simplesmente um termo para descrever a diferença entre o que você sente que deve dar conta versus o que realmente consegue dar conta, então vamos começar a falar sobre como preencher essa lacuna em vez de nos rotularmos por ela.

VOLTANDO PARA CASA

Quando parti para a Itália, não tinha certeza de como me sentiria quando a viagem chegasse ao fim. Estava preparada para qualquer coisa. Eu teria ficado perfeitamente satisfeita, caso tivesse conhecido um homem, me casado e passado a viver em alguma vila na Toscana, no meio do nada, para o resto da minha vida. Não me importava se conseguiria voltar ao trabalho, e eu não tinha prometido isso. Mas na quinta ou sexta semana, estava me sentindo pronta para retornar. Eu queria me reconectar com a parte ambiciosa presente em mim.

Tão repentinamente quanto o relaxamento se instalou, o desejo de trabalhar ressurgiu. Eu não estava disposta a deixar de lado aquela parte de mim que sabia como estar em paz, mas também não queria negar meu instinto ambicioso. Em vez disso, decidi convidar de volta minha parte que adora fazer as coisas acontecerem e, ao mesmo tempo, proteger o lugar feliz e saudável que eu havia encontrado. Eu gosto de chamar esse lugar de meu Verdadeiro Norte. É a sensação que tenho quando estou apaixonadamente perseguindo meu trabalho de forma saudável e de maneira emotiva. Estava pronta para mergulhar novamente em minha carreira, adicionando a ela a minha ambição, na tentativa de avançar sem perder o contato com aquele Verdadeiro Norte que eu tinha acabado de descobrir.

COMEÇANDO A ME ESTRESSAR MENOS

O burnout, como eu descobriria ao longo do tempo, tinha sido um grande presente. Ele me deu a maior oportunidade de crescimento que já tive, pois, a fim de me curar, precisei transformar minha vida. Vez ou outra, continuo descobrindo que o tamanho da luta que você enfrenta é igual ao tamanho do discernimento que você adquire depois.

Após meu esgotamento e recuperação, comecei a estudar tudo o que podia sobre como a mente funciona e como aproveitá-la para melhorar nossas vidas. Eu revisitei lições de espiritualidade. Em menos de cinco anos depois dessa experiência, conquistei certificação em programação neurolinguística, em psicoterapia profissional e em coaching, o que exigiu cinquenta horas de treinamento prático e numerosas viagens a Los Angeles. Eu havia gastado quase tanto quanto a maioria das pessoas que faz MBA na Ivy League para montar meu currículo personalizado com foco no comportamento humano, na criação de mudanças — por fim, um mergulho profundo na natureza da mente humana.

O QUE DIRIAM OS ESPECIALISTAS EM PNL (PROGRAMAÇÃO NEUROLINGUÍSTICA)...

A primeira coisa que estudei depois de voltar da Itália foi programação neurolinguística. Próxima à comunicação e ao desenvolvimento pessoal, a PNL é o estudo do consciente e do subconsciente, e de como os dois trabalham juntos. Ela examina a conexão entre processos neurológicos, linguagem e comportamento — sendo todos eles afetados pela experiência ou pela programação. Especificamente, a PNL examina os padrões de linguagem que influenciam a maneira como nossas mentes processam a informação consciente e inconscientemente.

A PNL me ensinou a ordenar meus pensamentos e a reestruturar meu diálogo interior. Por meio dela, foi possível não apenas visualizar o passo seguinte, mas me preparar para ele. A PNL também me forneceu ferramentas claras e específicas, como o mapeamento mental, que ainda uso o tempo todo com meus clientes e em minha própria vida como parte do conceito de espaços emocionais.

Mal sabia eu que, enquanto aprendia sobre PNL, estava prestes a me tornar um exemplo de que ela funciona. Em cada workshop de fim de semana, eu era desafiada a colocar meus próprios problemas em evidência. Nós frequentemente começávamos com exercícios de visualização: foque algo que você queira criar. Geralmente, eu me imaginava dando início ao meu próprio negócio em cinco anos.

Meu professor sempre dizia: "O subconsciente não pode projetar algo para daqui a cinco anos". O subconsciente não entende o tempo. Da mesma forma que você não consegue imaginar um elefante em cinco anos, seu cérebro apenas imagina o elefante ou não. Isso significava que eu só podia me enxergar *começando* um negócio *ou não*. Eu disse ao meu professor que havia entendido. Porém, não queria abrir um empreendimento imediatamente. Eu tinha certeza de que não estava pronta e sabia que queria esperar cinco anos.

Terminei o curso de PNL em meados de junho, e apenas algumas semanas depois — sem muita reflexão e plenamente consciente do quão ridículo aquilo era — disse ao meu chefe: "Estou entrando em meu aviso prévio de três meses. Vou me demitir e começar meu próprio negócio".

Foi como saltar de um penhasco gigante sem uma rede de segurança para proteger minha queda — não era o momento adequado para aquela decisão. Eu não havia checado ou organizado tudo o que deveria antes de dar início a um negócio. Não tinha nem mesmo economias. No entanto, fiz um excelente trabalho programando minha mente para dar um passo de cada vez e, assim, seguir em frente com meu sonho. A propósito, também tirei da minha cabeça todos os obstáculos que me impediam de seguir em frente. Procurei uma empresa que tinha um excelente treinamento em vendas e metodologia, conhecida como Miller Heiman na época, e questionei como eu poderia começar meu empreendimento por meio da venda e entrega de suas estratégias voltadas para o mercado. Poucos meses depois, eu estava tocando meu próprio negócio. Alerta de perigo: isso é o que acontece quando você programa sua mente para alcançar algo!

O QUE DIRIAM OS TERAPEUTAS...

Por mais que eu considerasse essas ferramentas empolgantes, tornei-me cética em relação à prática de reformular cada pensamento negativo, mudando a linguagem e a energia ao seu redor. Eu não achava que isso era sempre possível, ou mesmo saudável. Estava faltando algo. Eu queria entender mais profundamente o que impedia as pessoas de saírem do lugar. Como você lida com traumas de infância, tristeza profunda, raiva e desapontamento enraizados em anos de história?

Logo decidi buscar uma certificação em Gestalt-terapia. Ela me atraiu porque tem como ênfase o momento atual das pessoas, enquanto leva profundamente em consideração a experiência e o contexto de vida delas. A essência da Gestalt é: o contexto da experiência do indivíduo importa. Ter a oportunidade de visitar o passado e enxergálo através da lente do presente pode contribuir para que as pessoas possam seguir em frente com menos tristeza, menos raiva e menos emoções dolorosas. Dito isso, ao terminar minha certificação de um ano, me senti afoita para ajudar as pessoas a definirem estratégias para o futuro, em vez de perderem tempo focando desafios do passado.

UMA OBSERVAÇÃO SOBRE TRAUMAS

Depois de passar algum tempo estudando Gestalt, achei muito perspicaz reconhecer como o passado influencia a perspectiva atual. Embora ser terapeuta não seja a escolha certa de carreira para mim, sou uma grande defensora do uso da terapia para ajudar as pessoas a cicatrizarem feridas profundas e resistentes ao tempo. Se você julga necessário contar com esse tipo de apoio, não deixe de procurar indicação de um excelente terapeuta perto de você!

O QUE DIRIAM OS COACHES...

À medida que fui aprendendo sobre cada tipo de terapia, conheci seus valores, forças e fraquezas e encontrei conceitos bastante úteis tanto na PNL quanto na Gestaltterapia. Mas eu sabia que havia mais por aí. Menos de um ano depois de mergulhar nos princípios da Gestalt-terapia, descobri um coach de vida chamado Michael Neill. Juntamente com seis ou sete de seus professores de coaching favoritos, Michael construiu um currículo baseado nos "três princípios" (inventado por Syd Banks) chamado coaching transformador. O método era completamente diferente de qualquer outra coisa, porque ensinava as pessoas a se tornarem conscientes e em paz com as verdades que já existiam. O coaching transformador gira em torno da compreensão do modo como a mente, a consciência e o pensamento trabalham juntos para criar nossa experiência humana.

Você se lembra daqueles estereogramas ou imagens tridimensionais que pareciam estar em toda parte nos anos 1990? Pôsteres e fotos eram feitos a partir de pequenos pontos emaranhados e, à primeira vista, eles pareciam apenas algumas cores em uma página. Não era possível ver as imagens "escondidas", a menos que você ficasse exatamente no ângulo certo ao olhar para a foto. De repente, havia uma águia voando na sua direção. E, a partir do momento que você a visse, não conseguia mais deixar de a enxergar. Ela esteve lá o tempo todo — era necessário apenas se concentrar corretamente a fim de identificá-la.

O coaching transformador funciona da mesma forma.

Pense nisso como algo não tão óbvio e perceba como sua mente funciona. Uma coisa que você vai notar, se houver uma centelha em seu interior, é que altos e baixos são normais, e todos nós experimentamos tanto um quanto o outro. Nada é permanente. Você pode estar de mau humor nesse momento, mas vai recuperar o bom humor mais tarde. Estar em constante mudança é a natureza da mente. Continue observando e vai perceber que pensamentos podem desencadear respostas capazes de mudar seu estado de espírito. Pode ser que você esteja completamente feliz agora, mas, se eu contar uma história sobre um post que li ontem com a tag "#metoo", provavelmente vou acabar com o seu bom humor. Nossa resposta aos pensamentos dita nosso sentimento em determinada ocasião.

O coaching transformador é uma análise, avaliação e consciência constantes sobre o que você está sentindo. A mudança do estado de espírito é a premissa central. Em vez de lutar contra nossos sentimentos, aprendemos a permitir as mudanças e, dessa forma, teremos menos batalhas internas e mais paz em relação ao que nos rodeia. Algo que aprendemos com convicção é: nossa experiência de vida é um trabalho interno e não reflete o que está acontecendo ao nosso redor.

O coaching transformador foi absoluta e literalmente transformador para mim e para minhas interações com clientes. Contudo, eu ficava frustrada com a maneira como o modelo podia, às vezes, simplificar demais a vida. Muitas vezes ouvíamos: "É apenas um pensamento", mas eu queria saber exatamente como desenrolar esse espaguete de vida que continuava se amontoando em meu prato. À medida que eu trabalhava com clientes, comecei a ver que a PNL, a Gestalt-terapia e o coaching transformador tinham um importante papel a desempenhar. Juntos, esses três conceitos podem ajudar a construir resiliência. Mas eu continuava a sentir a influência de alguns aprendizados anteriores que estavam constantemente me incomodando.

O QUE DIRIAM OS CABALISTAS...

Durante toda a minha jornada, estava apaixonada por descobrir como a espiritualidade se encaixa nessa equação. Lembrei de 2005, quando uma pequena loja de cabala na rua do meu condomínio chamou minha atenção. Eu passava por ela todos os dias e, eventualmente, minha curiosidade me levou até sua porta. A cabala é o misticismo judaico, que data de milhares de anos. Seus ensinamentos se concentram no carma e no movimento da energia. Eles falam, por exemplo, sobre a energia do dinheiro e como ele se move ao redor do mundo. Eles explicam sobre a energia das pessoas e sobre carma. A cabala ressoou em mim e proporcionou uma estrutura para deixar as coisas fluírem.

Um dos conceitos-chave da cabala é o seguinte: existem duas forças de energia que se opõe. Uma delas é a conexão com o ego ou consigo mesmo, e a outra é a conexão com a luz ou com o criador. Todo mundo, em determinado momento, sente-se chamado a ambas as fontes. Essa divergência está constantemente em jogo, com você no meio tentando descobrir qual delas seguir.

Nossa cultura nos encoraja a nos inclinarmos para o lado do ego. Pense nas empresas modernas, ou em nosso mundo industrializado: todo o ambiente está preparado para criar em benefício próprio. Quando eu trabalhava com consultoria, queria uma promoção porque ela me levaria a ter mais prestígio e mais dinheiro. Isso é ego. E o sofrimento parece nos seguir quando focamos um objetivo que só beneficia a nós mesmos. A dificuldade que sentimos para abandonar um hábito ou um sentimento, na maioria das vezes, está conectada ao ego. Assim que percebo que alguma coisa está ligada somente ao meu ego, compreendo ser necessário deixá-la de lado ou me reaproximar.

Com o tempo, quando comecei a desviar minha atenção a fim de servir a pessoas e, assim, criar maior impacto sobre o mundo, tive uma perspectiva diferente. Olhando através de lentes de luz, passei a ver tudo à minha volta com mais clareza. Quando você está conectado à luz, ou ao desejo de contribuir para o bem dos outros, cada decisão se torna mais simples.

Como os pensamentos que deixamos ir e vir, a consciência dessas conexões com o ego pode nos ajudar a agir mais rapidamente frente a situações delicadas. Quando você concentra sua energia em servir familiares e amigos, ou em fazer crescer um negócio com foco em auxiliar pessoas, é possível perceber como isso gera resultados. Ficar desapontado porque seu post no Facebook não recebeu tantas curtidas quanto você achou que merecia é parcela do ego, e, embora o ego tenha a intenção de travar uma luta em sua mente, você pode se voltar para o outro lado. Pensar dessa forma é como ter uma bússola para ajudá-lo a decidir como direcionar sua energia, e tem me auxiliado a encontrar, constantemente, meu Verdadeiro Norte.

O QUE DIRIAM OS BUDISTAS...

Depois de estudar a cabala por alguns anos, descobri dois templos budistas em Toronto e comecei a ter aulas neles também. Nos templos budistas, eles dedicam espaço para a importante prática da meditação. Eles o levam até uma sala, o colocam sentado em travesseiros, fecham a porta, acendem o incenso e o deixam lá por 15 minutos. Quinze minutos pode não parecer muito, mas dá muito trabalho desligar-se de tudo. A determinação do grupo me ajudou a manter a disciplina nos momentos em que eu normalmente queria abandonar a prática, isso após apenas três minutos sozinha.

Muitas vezes, entendemos a meditação como um momento para não se pensar em nada. Então, quando você fica quieto e, de repente, lembra do hambúrguer que comeu no almoço, você tenta se livrar daquele pensamento. "Por que estou pensando nisso agora? Por que não consigo ficar quieto?!" Então você consegue se livrar desse pensamento, e, no minuto seguinte, um cão late. "Não deveriam permitir que cães latissem na cidade. Estou tentando meditar! O que há de errado com a cidade? Deveria haver multas em caso de poluição sonora!"

Os pensamentos são bons — o cérebro faz coisas loucas quando está tentando ficar quieto. Com a prática, você passa a permitir que eles apareçam e desapareçam como slides em uma tela de projetor, enquanto você se separa dos esforços e das tentativas.

Aprendi a tomar consciência do que os budistas chamam de "mente de macaco". Esses pensamentos continuarão a ir e vir, e quando você entender como a mente funciona, não ficará tão nervoso em relação a eles. Sua mente só está fazendo o que uma mente ocupada faz. Eventualmente, aprendemos a parar de identificar os pensamentos. É possível se separar um pouco da sua mente, permitindo que ela fique ocupada sem que você preste atenção a isso.

No início da minha carreira, eu não conseguia compreender nem mesmo o valor de me sentar completamente inerte e em silêncio. Mesmo quando eu estava me recuperando do burnout na Itália, sentada imóvel em uma bela *piazza*, tomando um café e observando os pombos, eu logo ficava ansiosa e com a sensação de que precisava "fazer algo". Eu costumava pegar meu diário e elaborar estratégias para o futuro ou traçar planos para aquele dia. Agora, anos mais tarde, entendo que o simples fato de estar ali presente é uma forma valiosa de aproveitar o tempo.

Tenho uma revelação: nunca consegui criar uma prática de meditação "adequada". Medito por, literalmente, sete minutos por semana (veja mais no capítulo cinco). Eu andei fazendo muitos planos, inclusive resoluções de Ano-Novo; mas ainda estou praticando. A ideia de que é necessário tempo para meditar desencoraja muitas pessoas. Todos que conheço *querem* começar a meditar, mas não encontram tempo para isso. Mais tarde, vamos falar sobre a meditação de um minuto, prática que faz parte da minha rotina matinal e vem sendo muito útil. Às vezes, aquele minuto de silêncio é suficiente para lembrá-lo de como é se sentir focado e presente, e o que é possível fazer quando você se encontra assim.

Atenção plena soa pesado, mas simplesmente significa focar totalmente sua atenção em seus cinco sentidos, independentemente do tempo. É desenvolver a capacidade de sentir a si mesmo, sonhar acordado com os pés no chão, para se trazer de volta ao momento presente.

Estar presente cem por cento do tempo seria excelente, mas nem sempre isso é possível. Em vez disso, tento pensar em maneiras para praticar o estado de presença como parte do meu dia. Eu gosto de encontrar períodos de tempo para desacelerar, prestar atenção e respirar. Na verdade, a atenção plena se torna um tipo de meditação.

Quando estou em uma empresa, capacitando 24 pessoas por meio de uma intensa sessão estratégica sobre diversidade e inclusão, crescimento de vendas ou transformação de liderança, não posso sentar em um canto, acender meu incenso e soar meus sinos. No entanto, essa prática nos ensina como meditar de acordo com o momento. Uma das minhas ferramentas favoritas para cultivar a atenção plena é praticar a meditação enquanto caminho. Ao fazer isso, é possível combinar a meditação a seus movimentos regulares. A qualquer momento você pode integrá-la a algo que você faz a todo momento, tornando-a muito mais acessível.

Aprendi a mergulhar na meditação para que eu possa rapidamente me reenergizar enquanto caminho até a esquina para tomar uma xícara de café durante a pausa do trabalho. Ao dirigir, pegar um Uber ou andar de metrô no centro da cidade para um compromisso com o cliente, aproveito esse tempo muito propositadamente. Não faço nada senão relaxar ou desenvolver meus espaços emocionais. Muitas vezes me certifico de que passei uma parte desse tempo totalmente presente e observando as pessoas no trem. Então, quando chego ao escritório, sinto que estou mais presente e posso começar meu dia de forma mais eficaz.

A magia da atenção plena consiste em fazer a escolha consciente de realmente vivenciar o momento e saber que não estou perdendo nada, ainda que tecnicamente eu esteja na sala. Quando estou com meus filhos, por exemplo, minha atenção plena está elevada. Eu quero que a qualidade desses minutos seja alta, por isso quero estar totalmente presente neles. Sentada com minha filha ao anoitecer, estou focada nisso, assim como quando desfruto do jato de água quente que sai do chuveiro durante meu banho matinal. Eu posso honestamente dizer que, se eu morresse amanhã, teria, felizmente, experimentado de forma intensa a conexão com meus filhos e o sentimento de maternidade.

O QUE DIRIAM MEUS PROFESSORES...

Uma palavra para alguns professores que estava faltando mencionar: durante esse período, passei muito tempo lendo, escutando e conversando com muitas almas sábias. Entre eles estão Louise Hay, cujo trabalho sobre afirmações e energia continua a me inspirar; Wayne Dyer, cujos ensinamentos sobre espiritualidade e Tao Te Ching me inspiraram a ser uma pessoa melhor; Byron Katie, que nos convida a apreciar o momento presente sem julgamentos; Steve Chandler, um coach que me ensinou o conceito de mentalidade de dono e mentalidade de vítima; Rich Litvin, cuja alta integridade, abordagem livre de enrolação sempre foi um "É Isso!" para mim; Brené Brown, que me deu permissão para eu mesma me perdoar por minhas imperfeições (a lista é longa); e Nancy Kline, que me ensinou a criar espaço para que outras pessoas tenham "tempo para pensar", sendo assim possível a elas acessar sua própria sabedoria interior com o objetivo de resolverem seus problemas.

QUANDO VOCÊ SABE O QUE FAZ, VOCÊ FAZ MELHOR

Todo esse conhecimento resultou em uma forma de vida oposta à maneira como eu costumava viver. Por mais que aprecie tudo o que aprendi e todos os professores que encontrei, nunca fui capaz de manter lealdade inabalável a um ponto de vista. Eu não acho que poderia ter estudado uma dessas modalidades e excluído as demais. Cada uma delas me ensinou algo vital que contribuiu para o paradigma dos espaços emocionais.

Eu me senti um pouco como a Cachinhos Dourados com o mingau: ela teve trabalho para encontrar as coisas que se encaixavam perfeitamente. Quanto mais aprendi, mais o conceito de espaços emocionais veio à tona. Elementos e conceitos de cada uma dessas lições se tornaram os blocos de construção a partir dos quais criei o paradigma que mudou minha vida, a de meus clientes e, espero, também a sua.

Em última análise, a amplitude do meu estudo me permitiu ser criativa na forma como treino, oriento e ajudo pessoas e empresas. Eu não quero ser — e não quero que *você* seja — limitada pelas deficiências de qualquer perspectiva. O sistema que você está prestes a aprender traz as lições mais importantes de cada uma delas, o que tem moldado minha vida e minha interação com os clientes. É como comecei a operar minha vida profissional com sabedoria, e é hora de nos aprofundarmos nisso.

Parte dois:

Conceitos centrais

Capítulo três

Espaços emocionais

Tudo o que você procura — felicidade, amor, conexão com seus filhos, riqueza e liberdade — é um trabalho interno.

— Prassana Tadi

Parece que estamos continuamente tecendo elaboradas teias conceituais em torno até mesmo de simples eventos. Distorcemos a realidade envolvendo-a em complicações, sobrepondo a ela construções mentais fabricadas. Essa distorção invariavelmente resulta em estados e comportamentos que minam nossa paz interior e a dos outros.

Ter uma mente simples não é o mesmo que ser simplório. A simplicidade da mente se reflete em lucidez, força interior, flutuabilidade e em um contentamento saudável que resiste às atribulações da vida com o coração leve. A simplicidade revela a natureza da mente por trás do véu dos pensamentos inquietos.

— Henry Thoreau

Então, depois de sofrer o burnout e passar anos estudando para me ajudar a desvendar o comportamento humano, finalmente entendi um conceito muito claro: sua energia mental, emocional e física são finitas, dependem uma da outra e estão conectadas a como você se sente em cada momento. Daí o termo que criei, espaços emocionais — a quantidade total de energia disponível que você tem nessas três áreas. No passado, sempre acreditei ter quantidades ilimitadas de energia mental, física e emocional. Dessa forma, criei o ambiente perfeito para que o burnout aparecesse. No momento em que finalmente compreendi que eu tinha uma quantidade fixa de espaços emocionais, tudo mudou. Comecei a repensar a forma como distribuo minha energia, da mesma maneira como planejo meu tempo e meu orçamento. Quando penso em dedicar energia a algo, pergunto a mim mesma se aquele é um bom investimento.

Os espaços emocionais são assim: imagine seu quintal da frente. Aquele bem em frente à porta principal da sua casa. Você provavelmente pode ver uma certa quantidade de espaço para plantar árvores e grama, para construir um deck ou um caminho, para investir em uma área de estar ou em um jardim. Independentemente do que *gostaria* de fazer naquele quintal, essa é uma propriedade que possui limites. É possível usá-la como quiser, desde que o projeto caiba dentro do espaço que pertence a você. Esse é o seu espaço disponível. Ele não cresce ou encolhe todos os dias, mas há muito a ser feito para deixá-lo como deseja. Você pode fazer escolhas sobre o que fazer com esse espaço e sobre como responder ao que está fora do seu controle, como ao clima ou à natureza.

É a mesma coisa na vida. Todos temos uma quantidade fixa de espaços disponíveis para nossas metas, atividades, eventos e criações. Nossa "propriedade" se enche à medida que processamos mudanças, dramas, bagagens, decisões, procrastinação e relacionamentos. Se estamos lidando com coisas do passado, estamos usando espaços emocionais. Se estamos enfrentando muita coisa no presente, estamos usando os espaços emocionais. Quando planejamos o futuro, usamos os espaços emocionais.

Os espaços emocionais são simplesmente uma forma de visualizar a quantidade necessária de atenção para atender aos pensamentos que estão girando em sua mente em qualquer dado momento, e a energia essencial para manter o foco nas ações que você precisa realizar a cada dia. Absolutamente tudo o que você estiver pensando sobre o presente — junto a uma lista de pensamentos, sentimentos e emoções correndo em segundo plano — está tomando algum espaço. As emoções também, pois são simplesmente pensamentos trazidos para o corpo.

Lembranças com seu pai são muito diferentes de situações como trabalhar em seu doutorado, é claro, mas todas elas ocupam espaço. Qualquer coisa, desde ações físicas ao desencadear de emoções, pode consumir energia, e essa energia é limitada.

"NÃO POSSO ACREDITAR QUE PERDI O CONTROLE"

Um dia, uma cliente de coaching, Jane, me ligou para dizer que tinha acabado de cair no choro durante uma reunião. Ela estava absolutamente transtornada por ter chorado no trabalho. Em uma sequência de comportamento de autossabotagem e pensamento interno negativo, ela se dizia fraca, se perguntava o que as pessoas pensariam dela, expunha não saber o que fazer em seguida. Ela dizia: "Não posso acreditar que chorei em uma reunião. Isso é suicídio profissional! Vou ter que deixar meu emprego. Eu não posso mais fazer isso".

Quando começamos a falar sobre o que aconteceu, perguntei o porquê de ela sentir ser necessário deixar o emprego. Jane respondeu que deveria ter sido mais forte. Ela se sentiu envergonhada, humilhada. Ela não podia acreditar que havia sido tão fraca a ponto de chorar em uma reunião.

Jane contou: "Na verdade, não havia motivo para chorar. Um cara fez um comentário sobre minha equipe, e perdi o controle. Lágrimas enchiam meus olhos e eu não conseguia mais manter a calma. Tive que pedir desculpas e me levantar. Tudo por causa de um comentário sobre minha equipe!"

Eu a estimulei: "Vamos recapitular. Fale sobre o que vem acontecendo com você nas últimas seis semanas".

Tudo isso veio então à tona. O filho dela estava doente há um mês, indo e voltando do hospital, enquanto os médicos procuravam o que estava errado e ninguém conseguia descobrir. O relacionamento com sua mãe também estava sob pressão, pois ela andava frustrada com a falta de apoio quando sentiu que mais precisava.

Enquanto Jane estava fora do escritório cuidando do filho, tudo começou a desmoronar em sua equipe. Brigas internas, discussões, o caos reinava e ela não estava lá para gerenciar isso. Quando entrou em sua primeira reunião, após uma semana inteira fora cuidando do filho no hospital, encontrou sua equipe passando por diversos problemas, e, provavelmente, um membro do time, em quem ela confiava, seria demitido.

Quando esses problemas caíram em seu colo, ela ainda estava processando tudo o que vinha acontecendo em sua vida: a culpa de estar de volta ao trabalho enquanto seu filho se sentia mal e a tensão sobre suas relações familiares provocada pelos acontecimentos dos últimos meses. Um comentário foi o suficiente para que ela chegasse ao seu limite.

Jane se sentiu envergonhada, mas, após colocarmos a situação em perspectiva, ela percebeu que o choro durante a reunião era completamente compreensível. É claro que era! O espaço emocional dela estava tão cheio que algo precisava transbordar.

Você pode continuar pensando: "Eu posso fazer tudo, desde que não existam surpresas". Mas as surpresas virão. Talvez seja preciso recorrer às suas economias para substituir o pneu que acabou de furar na via expressa. Ou talvez seu filho brigue na escola e o fato de ele estar se metendo em encrencas ultimamente venha à tona. Caso você ainda tenha um pouco de espaço emocional restante, pode usar toda essa energia a fim de processar a nova situação. Se não tiver espaço disponível, pode se sentir prestes a perder o controle.

Há um benefício incrível para a crescente conscientização em torno de nossos espaços emocionais, e você vai começar a saber se possui alguma reserva ou se já atingiu sua capacidade máxima. Pense que monitorar seus espaços emocionais é como observar o painel do seu carro. Se você nunca olhar para o medidor de combustível, vai ficar chocado quando o tanque ficar vazio e o carro parar na beira da estrada. Assim como em seu carro, a autoconsciência atua como um indicador para ajudar a acompanhar o tipo de energia que você tem em reserva. Ao sentar no banco do motorista e monitorar esses medidores, você jamais ficará surpreso frente ao mau humor ou ao horário superlotado — você vai saber que isso já estava por vir.

Jane não estava avaliando seus espaços emocionais e imediatamente se culpou pelas lágrimas. Ela pensou ter mostrado não ser forte o suficiente para lidar com uma pequena crítica, em vez de perceber que estava sem recursos. Muitos de nós fazemos isso. Quando eu estava a caminho do esgotamento, continuava contando a história de que não era suficientemente forte. Mas esse estava longe de ser o verdadeiro problema — tanto para mim, quanto para a Jane.

Não éramos fracas; simplesmente precisávamos ter mais espaço emocional à nossa disposição.

TIRANDO O DISTINTIVO DE HONRA

Se o espaço emocional é o jardim da frente, logo depois dele fica o que está acontecendo no momento presente. O que quer que esteja enchendo nossos espaços emocionais está entre nós e o fato de estarmos presentes.

Se você não tivesse nada preenchendo seus espaços emocionais, estaria 110 por cento presente a cada instante de cada dia — sem pensar no passado ou no futuro. Talvez você já tenha tido essa experiência por alguns segundos quando experimentou uma nova aula de ioga ou quando estava desfrutando da natureza em um lindo dia. Mas estamos olhando para isso a partir de uma perspectiva mais ampla, não apenas momento a momento, mas dia a dia e semana a semana.

E, se vamos começar a limpar nosso jardim da frente, precisamos passar a prestar atenção se temos jogado lixo em nosso gramado de propósito... porque isso é viciante.

ACHADO NÃO É ROUBADO

O termo "espaços emocionais" surgiu de uma fonte inesperada: um executivo com quem trabalhei uma vez, conhecido por ser verbalmente arrogante e bastante grosseiro.

Bom, isso foi muito educado. Ele era um idiota.

Muitos anos atrás, quando eu estava gerenciando uma equipe, um dos membros, Julie, me pediu para participar de uma chamada com esse executivo, uma vez que ela estava frustrada devido às tentativas de resolver com ele um problema. Como ouvi durante a ligação, ela disse ao executivo: "Esse cliente em potencial acabou de ligar. Ele tem se esforçado muito para entrar em contato, mas você não retorna a chamada dele há três ou quatro dias. Agora ele está me cobrando mais uma vez, tentando entender onde você esteve".

Com seu grosseiro sotaque texano, ele respondeu com bastante arrogância: "Escute Julie, eu não tenho espaço emocional para lidar com isso agora. Mais alguma coisa que você queira falar?"

E foi isso. Ele a ignorou completamente. Eu fiquei simultaneamente lívida e horrorizada com sua arrogância diante de uma preocupação trazida a ele por outro funcionário. Ao mesmo tempo, fiquei completamente fascinada pelo termo que eu nunca tinha ouvido antes.

Esse homem era terrível com os funcionários e um membro de equipe nocivo, mas o que eu observei foi sua abordagem completamente centrada naquilo que ele precisava fazer para beneficiar seu próprio sucesso pessoal. Ele era conhecido por ser excelente em vendas, e somente nisso. Toda sua energia, seu espaço emocional, foi canalizada em uma única e específica direção, e isso permitiu que ele fosse bem-sucedido, mesmo que tenha chateado muitas pessoas ao longo do caminho. Por mais que eu quisesse torcer seu pescoço pelo telefone, esse rápido telefonema realmente me fez pensar.

Então, roubei seu termo. De forma justa. E não uso nenhum espaço emocional me sentindo culpada por isso.

O conceito de estresse se tornou quase um distintivo de honra em nossa sociedade. Lembro-me de sentir como se tivesse que trabalhar duro e parecer estressada ou as pessoas não pensariam que eu estava realmente comprometida com meu trabalho. Temos que acabar com a ideia de que o estresse é a única forma de fazer as coisas.

Em nossa cultura, isso é, muitas vezes, considerado normal. O sonho americano está disponível para nós se trabalharmos duro e se estabelecermos metas realmente grandes, sem nunca parar de lutar por elas, certo? Parece dar certo por um tempo enquanto você persegue cada cliente em potencial, e quando eles pagam uma grande quantia ou fazem um investimento bem lucrativo. É assim que muitas pessoas ficam viciadas no ciclo de estresse. Pode ser incrivelmente desafiador separar o estresse do sucesso em nossas mentes, portanto, se somos ambiciosos o suficiente para aspirar ao sucesso, sentimos que estamos sendo realistas ao esperar que o estresse venha com ele.

Mas vamos olhar um pouco mais de perto para essa expectativa. Às vezes, se formos honestos, fazer malabarismos com muitas coisas parece ser a validação de que somos importantes. Isto resume tudo para mim:

> Usamos nosso estresse como um distintivo de honra, nos gabando do pouco que dormimos durante a noite passada, como passamos o fim de semana correndo para cumprir um prazo e como estamos muito ocupados para tirar férias. Este estilo de vida parece ter atingido proporções epidêmicas, com 63 por cento dos norte-americanos relatando sensação de estresse e mais de um quarto revelando se sentirem "muito" estressados, de acordo com uma pesquisa de 2014 da NPR e da Escola de Saúde Pública de Harvard. A maioria das pessoas na faixa dos vinte e poucos anos, assim como as mulheres, atribuem às suas angústias o peso de muitas responsabilidades.[3]

3. Disponível em: <https://www.huffingtonpost.com/2014/08/19/stress-addiction_n_5689123.html>

Estamos tão condicionados ao estresse que os clientes regularmente recuam quando sugiro que diminuam um pouco a velocidade. Começam dizendo: "O que devo fazer? Ficar sentado no sofá o dia todo?" Eles acham quase ofensivo quando sugiro que não deveriam ser estressados. E então a próxima camada é exposta. Muitos revelam que, se não estivessem tão ocupados, teriam que se sentar sozinhos com seus pensamentos, e essa ideia os deixa intimidados. Os negócios são uma distração para eles.

Gostaria de poder dizer que a criação desse espaço é o caminho para o esclarecimento e que eu domino tudo isso completamente; mas a verdade é que a consciência em relação aos espaços emocionais é uma prática, e não um destino. Eu ainda não consigo estar totalmente atenta e completamente presente em cada momento. De forma mais realista, estamos trabalhando para trazer mais presença e mais tranquilidade ao nosso dia a dia, ainda que a vida esteja sempre usando alguma quantidade de espaços emocionais. Quando aprendemos a operar com espaço livre, mantemos nossa capacidade de nos tornarmos presente, não importa o que está acontecendo ao nosso redor. É a nossa maneira de estar ao mesmo tempo ocupado e feliz.

O QUE AS UVAS-PASSAS NOS ENSINAM SOBRE ATENÇÃO PLENA

Minha primeira experiência relacionada à atenção plena aconteceu cedo, enquanto eu estava na universidade, quase me formando em engenharia. Eu estava estudando 24 horas por dia, sete dias por semana, trabalhando em dois empregos, tentando me exercitar, comer direito e, ainda, conciliar tudo isso com amigos e namorado. Também estava preocupada em conseguir um emprego melhor, ficava pensando se estava mesmo na área certa e como poderia ingressar no mundo corporativo. Muitas vezes, eu vivia de três ou quatro horas de sono e de algumas latas de Coca Diet.

Um amigo de longa data tinha acabado de conseguir seu primeiro emprego em Seattle e me convidou para uma visita. Eu estava entusiasmada para ver como estava a sua vida após a faculdade. No avião, me sentei ao lado de uma curiosa senhora usando um chapéu de tricô, um longo vestido multicolorido e carregando uma bolsa feita de vários retalhos costurados juntos. Tentei imediatamente parecer ocupada, lendo algo ou fazendo o que quer que fosse para evitar o contato visual. Irritantemente, ela começou com a conversa fiada, e foi insistente com isso. *Essa seria uma longa viagem de avião.*

Soube que ela era professora de psicologia em uma universidade e um dos cursos que ministrava era sobre atenção plena. Ela comentou o quão raro é as pessoas desacelerarem o suficiente para realmente reconhecerem um momento no tempo. Depois puxou uma pequena caixa de uvas-passas da bolsa, entregou-me uma, e me disse para segurá-la.

Ela disse: "Na minha aula, eu começo com passas".

Eu me sentia constrangida, mas estava no banco da janela, e não conseguia passar por ela.

Ela continuou: "Eu quero que você experimente. Qual é a sua impressão sobre isso? O que há de interessante nisso?". Ela queria que eu olhasse para a uva. Que a tocasse. Que sentisse seu cheiro. Que usasse todos os meus sentidos para experimentar a uvapassa. Então, pediu que eu a colocasse na boca. Sim, a mesma que eu tinha segurado e rolado em minhas mãos por dez minutos.

Enquanto eu colocava a uva-passa já quente na boca, ela disse: "Não quero que mastigue imediatamente. Coloque-a em sua boca e, novamente, sinta o cheiro. Perceba o que você está provando. Qual é a sensação? Qual é a sensação em sua língua? Após abraçar completamente essa experiência, então você pode mastigá-la. Perceba como é. Quando você finalmente morde, que som ela faz?"

Então, lá estava eu, comendo uma única uva-passa muito lentamente. Enquanto a senhora do avião falava sobre isso, eu pensava: "essa é a viagem de avião mais bizarra que já fiz em minha vida". Mesmo assim, ela me fez raciocinar. Com que frequência paramos para estudar ou observar o que está acontecendo? Quantas vezes estamos cem por cento focados em experimentar algo, muito menos algo simples? Meu cérebro queria que meu tempo fosse usado somente para coisas produtivas ou para o planejamento do futuro.

Quando desci do avião, estava tão inspirada pela conversa com essa mulher excêntrica que fiz dela uma missão para o fim de semana, enquanto experimentava aquela nova cidade. Eu abracei aquilo e vivenciei o momento único de um dia chuvoso em Seattle. Pedi um café com leite e passei um tempo cheirando-o, prestando atenção ao primeiro gole e realmente sentindo a espuma. A experiência. A sensação de ser úmido, mas aconchegante. Olhava as pessoas que entravam e o preciosismo das conversas. Eu apenas *assistia* — como uma observadora, sem qualquer julgamento. Fiquei fascinada com a forma como cada um de meus sentidos estava envolvido naquele momento, bem na minha frente, enquanto eu bebia um café com leite em um dia chuvoso em Seattle.

Naquele fim de semana, sentei-me com meu amigo em um banco sob o parapeito de uma casa antiga incrivelmente interessante, e, na companhia de vinho, queijo e bolachas, falamos sobre a vida. Pode ser difícil para mim lembrar de detalhes de ontem, mas, como consegui desacelerar e saborear os momentos dessa viagem, armazenei essas memórias de maneira diferente em meu cérebro. Embora eu tenha levado anos para praticar a atenção plena regularmente, foi naquele avião, com aquela mulher e uma única uva-passa, que percebi como era uma raridade estar presente ou atenta ao meu dia a dia. Aquela lição acabaria se tornando vital na hora de virar o jogo.

Muitas vezes, achamos que é possível continuar expandindo para lidar com tudo ou introduzir algo novo. Eu sei que fiz isso. Mas, se mudarmos essas expectativas, se reconhecermos que existe apenas uma certa quantidade de espaço disponível, então poderemos começar a pensar sobre o que pode realmente caber dentro desse limite.

Assim que eu der às pessoas a ferramenta visual dos espaços emocionais, elas poderão enxergar como os têm preenchido e o que vem sendo deixado de fora. Só então vão poder avaliar: "O que realmente é necessário deixar lá e o que descartar?".

Muitas vezes eu indago: "Pense em um problema e imagine-o como seu quintal da frente. O quanto de espaço emocional está sendo dedicado a ele?". Pode ser um chefe ruim, um comentário feito por algum membro da família ou uma decisão iminente. Essas coisas são geralmente as que não deveriam ocupar muito espaço ou energia, mas fazem isso de qualquer forma.

A maioria dos meus clientes mais estressados frequentemente percebe que está destinando mais de cinquenta por cento de seus espaços emocionais a um único tópico. Geralmente pergunto o que eles julgam ser importante o bastante, naquele momento, para ocupar seus espaços emocionais. Muitas vezes, não é naquilo que mais lhes interessa que eles estão focando suas energias.

Então é o seguinte: se você tem uma determinada quantia, não pode comprar tudo o que vê pela frente, é preciso ponderar. Somos inclinados a dizer: "Não tenho tempo suficiente" ou "Não tenho dinheiro suficiente" como razões para falar não. Isso porque sabemos que tempo e dinheiro podem ser mensurados e possuem quantidades fixas. Nós não simplesmente gastamos, mas escolhemos conscientemente como utilizar o que temos.

O primeiro passo para deixar de lado o que não acrescenta e criar espaço para ser feliz é conhecer a capacidade de energia que possui e ter em mente que ela é tão finita quanto o tempo e o dinheiro. Essa é a chave para entender os espaços emocionais. À medida que enxerga a energia como um recurso limitado, você se torna mais comedido. Se existe uma determinada quantidade, você não vai explodir por qualquer coisa. Também ficará mais exigente em relação ao que valoriza e onde investe, pois sabe que os recursos acabam mais cedo ou mais tarde.

UMA ESTRUTURA UNIVERSAL PARA VIDAS INDIVIDUAIS

A maneira mais rápida de abraçar o conceito de espaços emocionais é sentar-se com papel e lápis na mão e mapeá-lo. Primeiro, pergunte a você mesmo se é feliz. A maioria de nós responde à pergunta com um "sim, mas poderia ser mais feliz se..." E se a resposta é um não óbvio, então esse trabalho se torna ainda mais importante. Visualize seu quintal da frente cheio de coisas que estão devorando seus espaços emocionais. O que está consumido o seu espaço? Você está usando seus espaços emocionais para qual finalidade?

Tenho folhas de papel preenchidas com listas de tudo o que ocupava meus espaços emocionais em um determinado momento. Às vezes, um pensamento. Às vezes, um sentimento. Em algumas ocasiões, um compromisso que assumi e que vem me deixando estressada. Para ter uma ideia de tudo o que você está enfrentando, recomendo fazer uma lista detalhada dos itens usando seus espaços emocionais. Mais tarde, você também será capaz de pensar estrategicamente sobre como quer reorganizá-los, porque os espaços emocionais o ajudam a recuperar as rédeas da sua própria vida.

Nos próximos capítulos, vou ensinar você a agir sobre as coisas que ocupam seus espaços emocionais, ou a simplesmente deixá-las ir. Vamos começar devagar, a partir de suas tarefas diárias, e, ao final deste livro, o objetivo é fazer com que os espaços emocionais tenham a mesma importância e clareza que tempo e dinheiro.

Assumir o domínio da própria consciência é uma incrível forma de capacitação. Chega de olhar pela janela achando que a grama do vizinho é mais verde. Coisas perturbadoras ainda vão acontecer, mas agora que você sabe que é o dono daquele jardim da frente, você tem escolhas. É você quem decide o que fica ou vai embora, o que é plantado, capinado e regado.

Ao longo do livro, incluiremos práticas que podem ser utilizadas só por você ou em grupo. Se ainda não criou um clube do livro ou grupo de estudo orientado, nunca é tarde para começar. Estamos todos aprendendo juntos a administrar nossos espaços emocionais.

Essas são as primeiras ferramentas a serem usadas para administrar seus espaços emocionais e, assim, passar a contar com a sabedoria. Pense nelas como o martelo e os pregos de seu kit de ferramentas — as mais simples que você poderia ter. Com elas, é possível estabelecer estruturas capazes de melhorar seus espaços emocionais. Agora é a hora de montar seu kit de ferramentas para construir sua vida em cima da sabedoria. Uma vida em que há espaço para estar tão ocupado quanto você quer e ser tão feliz quanto deseja.

EXERCÍCIO Nº 1: MAPEIE SEUS ESPAÇOS EMOCIONAIS

Um dos primeiros passos para dominar seus espaços emocionais é tomar consciência de como você está usando essa energia a cada dia.

- **Passo 1:** pergunte-se: "O que vem consumindo meus espaços emocionais neste momento?" Liste tudo o que ocupa os seus espaços emocionais em um pedaço de papel, faça isso o mais rápido possível. Quando achar que listou todos os itens, pergunte a si mesmo: "O que mais?" Descarregue tudo, como se fosse uma desintoxicação. Tanto os pensamentos que aparecem uma vez ou outra, quanto as coisas nas quais você não consegue parar de pensar. Coloque fones de ouvido, feche os olhos, faça o que for necessário a fim de despejar tudo em um pedaço de papel. Você pode listar, desenhar, ou rabiscar, o que for preciso fazer para visualizar pensamentos, preocupações, planos e emoções que enchem sua mente.
- **Passo 2:** em seguida, pontue cada item de um a dez de acordo com a quantidade de espaço emocional que estão consumindo. Quão urgentes ou intensos eles são? Com que frequência aparecem? Dê dez para as situações e ansiedades que o mantêm acordado à noite, que consomem cada minuto do seu dia. Atribua um a problemas que passam por sua cabeça de vez em quando, mas não parecem importantes. As demais questões cairão em algum lugar ali no meio. Depois de listar todos os pensamentos usando seus espaços emocionais, e pontuar cada um deles, dê um passo atrás e veja o que se destaca. O que está bem na sua frente e o surpreende? É uma surpresa a pontuação de cada pensamento? Números não estão necessariamente tão ligados à prioridade quanto a observação e a avaliação.
- **Passo 3:** agora se pergunte: "Quais são minhas prioridades neste momento? Se eu fosse administrar melhor meus espaços emocionais, em que posição eles seriam colocados hoje?" Veja se encontra uma lacuna em algum lugar!

Uma observação: quando as pessoas fazem esse exercício, geralmente ficam furiosas com o fato de que coisas bobas ocupam muito espaço. Não é raro responderem com: "É isso aí! Não vou usar tantos espaços emocionais com o jantar de Natal na casa da minha sogra!" Avalie a observação e não se sinta pressionado a fazer nada neste momento. Nos próximos capítulos, vamos trabalhar a fim de tomarmos inciativa ou a fim de nos libertarmos dos pensamentos. Por enquanto, seja apenas curioso e desenvolva o máximo de consciência possível para que possamos mergulhar em mais trabalhos à frente.

Capítulo quatro

Subindo a escada do estado de espírito

Às vezes, a vida te dá uma rasteira. Levante-se. Levante-se. Levante-se. A felicidade não é a ausência de problemas, mas a capacidade de lidar com eles.

— Steve Maraboli

Sempre que estiver prestes a agir, faça a si mesmo esta pergunta: "O que estou prestes a dizer ou fazer vai me trazer paz?" Se o a resposta for sim, vá em frente. Se a resposta for não, então lembre-se de que esse é seu ego em ação.

— Wayne Dyer

Agora que já temos noção sobre o que são os espaços emocionais, há outra dimensão a ser considerada. Você já deve ter notado isso. Em um bom dia, é fácil fazer malabarismos com todas as atribulações, tarefas, relacionamentos e o que quer que venha ao nosso encontro. Mas, em um dia ruim, podemos desabar por causa de coisas insignificantes. Nada de novo foi acrescentado naquele dia, mas a sensação é diferente. Isso acontece porque nosso estado de espírito pode afetar a maneira como vemos e interagimos com nossos espaços emocionais.

Imagine que você está de pé em seu quintal novamente, olhando para os espaços à sua disposição. Do chão pode ser difícil enxergar a clareira por trás daquela grande pilha de lixo presente no meio do gramado — lembre-se de que após essa pilha está nosso momento presente, e queremos ter acesso a ele o mais rápido possível. É difícil ver esse espaço se você estiver no solo. Mas e se você tivesse uma escada? Você pode subir e perceber que, na verdade, a pilha de lixo, afinal, nem é tão grande assim, e metade do quintal ainda está completamente vazio. A situação não é tão ruim quanto você pensava.

Nesse cenário, nada em seu quintal mudou, exceto sua opinião sobre o assunto. De pé na parte superior de escada, você tem acesso a uma área muito mais ampla. Lá de cima, dá para obter uma visão holística e, ainda, enxergar o momento presente além do seu quintal da frente.

Com o estado de espírito elevado, nos sentimos empoderados, criativos e proativos. Temos muitos recursos disponíveis para pensar de forma clara e proposital. Com o estado de espírito ainda mais elevado, visão e pensamento mais amplos começam a borbulhar em nossas cabeças.

Nossas melhores ideias, melhores soluções e melhor desempenho vem à tona nesse estado de espírito.

Em outros momentos, quando utilizamos cada minuto do dia e ainda há muitos prazos a serem cumpridos em pouco tempo, além de vários e-mails desagradáveis em nossa caixa de entrada que precisam ser respondidos, o peso de tudo isso nos leva para o degrau mais baixo da escada. Ali, sentimentos como raiva, frustração, irritação e ressentimento tendem a assumir o controle. Pode até parecer que não vale a pena tentar limpar seus espaços emocionais. *É muito difícil, então, por que se preocupar?*

Quando você passa muito tempo com baixo estado de espírito, o esgotamento começa a se instalar. Não existe nem energia suficiente para estar zangado ou decepcionado, simplesmente ficamos apáticos. Esse é o pior estado de espírito que existe. Se não há mais lugar para a frustração, você precisa dar um jeito nisso.

E como os métodos de coaching transformador ensinam, nossas mentes estão sempre em movimento. A percepção que uma pessoa tem do mundo não é estática; o que observamos e como nos comportamos depende, em grande parte, de como nos sentimos e pensamos naquele determinado momento; aí entra a escada no quintal ou, melhor, o estado de espírito. Tão importante quanto identificar o que vem ocupando nossos espaços emocionais é aprender a identificar em que degrau da escada nosso estado de espírito está e como isso afeta nossa maneira de ver e processar nossas circunstâncias.

ESTADO DE ESPÍRITO COMO FERRAMENTA, NÃO COMO ARMADILHA

Para mim, o melhor exemplo de estado de espírito em ação foi dado por um coach e antigo terapeuta meu chamado George Pransky. Em uma de suas palestras, ele contou sobre como, quando se dedicava à terapia de casais, costumava levar o casal frustrado e brigão até uma sala para pedir que os dois falassem sobre os problemas enfrentados. Muitas vezes, em dez minutos, um estava em lágrimas enquanto o outro se sentia com raiva e atacava. A partir daí, ele tentava fazer com que o casal se envolvesse em uma conversa sobre como melhorar o relacionamento. Mais tarde em sua carreira, Pransky começou a entender como o estado de espírito influencia diretamente a capacidade de uma pessoa resolver os problemas de forma criativa. Ele passou então a convidar os casais exaustos ao seu escritório para iniciar uma discussão sobre por que essas duas pessoas buscavam proteger e aumentar o amor que têm um pelo outro. Quando ambos começavam a falar e, assim, alcançar um estado de espírito mais elevado, a habilidade de resolver o problema se expandia, juntamente com a mente aberta necessária para enxergar a mesma situação através de uma lente nova.

Em um exemplo semelhante, aprendi sobre estado de espírito quando comecei meu negócio. Eu tinha feito muito trabalho de visualização através da PNL, e estar prestes a me demitir significava que meu desejo estava definitivamente se concretizando. Infelizmente, isso foi em 2008. Deixei meu trabalho, especificamente, em primeiro de outubro, e o Lehman Brothers havia declarado falência em 22 de setembro. A economia quebrou literalmente duas semanas antes do meu último dia.

Eu estava aterrorizada, e meu estado de espírito estava um caos. Os pensamentos giravam constantemente em torno da negatividade: "Ah, meu Deus. Por que isso aconteceu comigo? Por que eu fiz isso agora? Eu não tenho dinheiro no banco! O que me fez pensar que eu poderia fazer isso? Como eu poderia pensar que era inteligente o suficiente para começar um negócio de sucesso?"

Com o estado de espírito em baixa, os obstáculos à minha frente pareciam intransponíveis, e pessoas bem-intencionadas continuavam vindo até a mim com sugestões e propostas tentadoras. Elas perguntavam se eu tinha pensado em vender tecnologia, se gostaria de trabalhar meio período ou se tentaria essa ou aquela oportunidade. Eu estava tão receosa em relação a minha capacidade de realizar meus próprios sonhos que quase aceitei as ofertas. Estava muito perto de desistir e de investir minha energia nos sonhos de outras pessoas. Talvez eu precisasse abrir mão do meu negócio para trabalhar no negócio de outra pessoa.

Foi quando me sentei com Bob Miller — fundador da Miller Heiman —, que tinha cerca de oitenta anos na época. Ele era famoso por transmitir sabedoria a qualquer pessoa que o ouvisse, uma vez que ele havia adquirido muito conhecimento durante a vida. Quando perguntei sua opinião sobre o fracasso da economia, ele estava incrivelmente calmo e ponderado sobre isso. Ao longo de sua carreira, ele tinha visto a economia subir e descer tantas vezes que a crise atual parecia pouco mais do que outro quebra-molas na rua. Ele não pensou que o céu estava caindo, e me disse: "A economia vai apenas servir como outra desculpa que as pessoas vão usar para evitar fazer as coisas acontecerem. É neste momento que estão as verdadeiras oportunidades".

A perspectiva de Miller, vista do topo da escada, permitiu que ele visse isso como algo insignificante. Eu, com meu baixo estado de espírito, estava enlouquecendo com as circunstâncias e queria que ele também se sentisse mal por mim — queria que ele tivesse empatia por minha situação. Em vez disso, seu estado de espírito era otimista e empoderado.

Ele disse: "O melhor dos melhores é aquele que vê o subir e o descer da economia, mas não usa isso para explicar seus resultados; ele sabe que é sua atitude, capacidade e ações que geram resultados".

Miller não deixou espaço para desculpas. Sua pergunta era simples: "Como você vai fazer isso ter sucesso, tendo em vista as oportunidades que existem neste momento, nesta economia?"

Para ele, seu estado de espírito era uma ferramenta, não uma armadilha. Nosso objetivo neste capítulo é nos indagarmos: dadas nossas circunstâncias e estado de espírito, o que vamos *fazer* a seguir?

O QUE INFLUENCIA SEU ESTADO DE ESPÍRITO?

Steve Chandler, meu antigo coach, me ensinou sobre estado de espírito e sobre a diferença entre a mentalidade de dono e a mentalidade de vítima. Ele me mostrou que, uma vez que nosso estado de espírito esteja elevado, usamos a mentalidade de dono, o que é incrivelmente empoderador. Quando nos sentimos como proprietários, sabemos que podemos fazer as coisas acontecerem e dar conta do recado. Ficamos focados naquilo que estamos tentando criar. Essa mentalidade nos faz avançar de forma positiva, enquanto ainda permite que nos concentremos no presente de forma consciente.

A mentalidade de vítima, por outro lado, não tem poder. Geralmente é centrada na culpa. Existe sempre aquela ideia de "Por que eu?" Pensar como vítima pode parecer o caminho mais fácil porque nos isenta de responsabilidade, ou podemos ser tão responsáveis que damos um tiro no próprio pé. Afinal, essa coisa terrível aconteceu com você e não há nada que possa ser feito, certo? Infelizmente, essa mentalidade também nos enfraquece seriamente e limita nossas possibilidades. Eu poderia facilmente ter ficado presa a essa mentalidade em 2008. É claro que isso aconteceria comigo. Eu seria a única a abrir um negócio cinco minutos após a economia ir ladeira abaixo.

Você pode fazer um inventário com tudo o que está ocupando seus espaços emocionais, mas é importante ter em mente que sua perspectiva muda com o tempo. Às vezes, os próximos passos parecem claros e gerenciáveis; suas percepções vão o ajudar a deixar de lado algumas coisas que preenchem muito espaço e vão lhe conceder energia para mover aquela montanha de lixo. Já em outras ocasiões, o caos existente em seu caminho oprime, e isso é tudo o que você pode fazer para torná-lo mais claro e, assim, passar de um extremo ao outro.

Na escada do estado de espírito, o degrau onde você está em um determinado momento influencia diretamente a qualidade do seu pensamento. Quando você está alegremente empoleirado nos degraus mais altos, se sente pacífico, motivado e comprometido. Pode sentir-se otimista e, até mesmo, eufórico. Mas, quando entra em uma reunião após receber uma notícia deprimente, é provável que interprete cada palavra de seus colegas como negativa ou desanimadora.

Quando comecei meu negócio, minha rotina era me levantar pela manhã, tomar minha xícara de café e aproveitar a sensação deliciosa que a bebida proporcionava. Então, me sentava para ver as notícias. Todas as vezes, meu estado de espírito descia seis degraus. Desastres de todos os tipos enchiam minha mente e ativavam diversos pensamentos negativos baseados no medo. "A economia está um desastre. Talvez eu nunca mais consiga um emprego. Talvez nunca tenha dinheiro o suficiente. O banco pode tomar a minha casa. Minha aposentadoria talvez desapareça. E você ouviu falar daquela tragédia e sobre aquelas pobres pessoas? Ficou sabendo daquele crime, como pode alguém fazer aquilo? A propósito, vai chover novamente?" E assim por diante. Todas as manhãs, eu alimentava aqueles pensamentos negativos e ia rumo à base da minha escada.

Graças a toda essa energia que eu gastava pensando naqueles terríveis "e se", todos os problemas em meus espaços emocionais pareciam ainda mais intransponíveis. Simplesmente ligar a televisão pela manhã estava impactando meu estado de espírito de tal forma que foi necessário me esforçar para encontrar recursos a fim de colocar em prática aquilo que tomava a maior parte dos meus espaços emocionais: pensar com criatividade e tomar medidas para fazer meu negócio decolar. Eu recebia todas essas mensagens sobre a pior economia de todos os tempos e depois sentava na minha mesa pensando: "Acho que não consigo fazer isso". Assim, a mentalidade de vítima entrava em cena e eu procrastinava para tomar providências e desistia de meu negócio mais uma vez.

Durante uma tarde, eu estava ouvindo alguns podcasts sobre positividade e tive um momento de epifania: era necessário mudar minha rotina. Então, decidi fazer uma desintoxicação das notícias da manhã. Em vez de ouvi-las, recorreria ao Hay House Rádio, um canal de podcast com inspirações positivas. Decidi que ia começar meu dia com informações filtradas, com ideias que vinham da psicologia e não de manchetes usadas para chamar a atenção. Eu imaginei que, se algo realmente importante acontecesse, minha mãe me ligaria.

Quando parei de encher diariamente minha cabeça com notícias sobre desgraça e tristeza do tipo "o céu está caindo" e as substitui por pensamentos de "eu posso fazer isso", descobri que estava muito mais disposta pela manhã. Em vez de desânimo, eu ainda tinha, por volta das dez ou onze horas, aquela energia do primeiro café e me sentia bem em relação às tarefas que teria ao longo do dia.

Você já deve ter notado que a capacidade de avaliar tanto seus espaços emocionais quanto seu estado de espírito é uma ferramenta que pode ser usada para fazer a diferença em sua vida agora mesmo. Da mesma forma, as mentalidades de dono e de vítima não são estáticas, e você precisa estar atento a essa instabilidade antes de tentar mudá-la. Se subir e descer uma escada não é a explicação visual que funciona para você, imagine então a mentalidade como uma frequência de estação de rádio que dá para sintonizar internamente. Ao girar o botão, é possível ouvir o que sai das caixas de som. Ouça com atenção, pois o que você ouvir refletirá em seu estado de espírito.

Comece prestando atenção ao tipo de pensamento em diferentes estados de espírito. Quando está frustrado ou chateado, você cai na mentalidade de vítima, pensando que o mundo vem lhe fazendo mal e não há nada a ser feito? Quando se sente curioso e criativo, você se vê mais com mentalidade de dono? Na maioria das vezes, a mentalidade de vítima está associada a um baixo estado de espírito, e a mentalidade de dono surge quando o estado de espírito está elevado.

EXERCÍCIO Nº 2: FOQUE A MENTALIDADE DE DONO E DIGA ADEUS À MENTALIDADE DE VÍTIMA

É fundamental ter consciência de quando o pensamento está relacionado à mentalidade de vítima e quando está relacionado à mentalidade de dono. É fácil mudar a mentalidade quando você pode facilmente perceber de onde os pensamentos estão vindo.

- **Passo 1:** quando você se vê tendo pensamentos com mentalidade de vítima? Liste todos os exemplos em que puder pensar. (Dica: todos nós fazemos isso às vezes!)

Exemplos:

- Eu simplesmente não tenho tempo suficiente. Eu não consigo fazer isso. Essa grande confusão é culpa dela. Se ele não fosse tão maldoso, poderíamos ser mais felizes.
- Não há nada que eu possa fazer, só tenho que aguentar. Nada vai ser diferente, a menos que ele mude.

- **Passo 2:** onde você poderia fazer a transição de mentalidade de vítima para mentalidade de dono?

Em vez de se concentrar no problema ou naquilo que parece não funcionar, tente perguntar a você mesmo: "O que eu estou tentando criar?" ou "O que eu gostaria de ver no futuro?" ou "O que posso fazer para mudar esta situação?" Direcione sua atenção e seu foco do que é fixo para onde você pode exercer sua influência. Descobrir onde é possível agir em determinada situação o ajuda a subir a escada do estado de espírito e, assim, reduzir a quantidade de coisas que andam ocupando seus espaços emocionais.

A VIDA ACONTECE EM TODA A ESCADA

Se tivéssemos que imprimir esses conceitos em um pedaço de papel milimetrado, os espaços emocionais existiriam em um eixo horizontal x, e o estado de espírito entraria na vertical, em um eixo y. É a escada com vista para o gramado. Conforme o estado de espírito se move para cima e para baixo em seu eixo, vemos naturalmente nossos espaços emocionais a partir de uma variedade de perspectivas.

É tentador procurar uma maneira de permanecer no degrau mais alto da escada do estado de espírito o tempo todo e, simplesmente, banir os pensamentos negativos; mas satisfação e euforia constantes também não levam às melhores decisões. Além disso, é irreal imaginar que podemos estar o tempo todo transbordando de felicidade. Mesmo as pessoas mais brilhantes, otimistas e felizes têm momentos ou dias em que se deparam com o baixo estado de espírito. Assim como aprendemos a permitir o vai e vem dos pensamentos enquanto meditamos, devemos ter em mente que o estado de espírito sempre mudará em virtude de sermos humanos.

A questão é entender em qual estado de espírito estamos. Quando você começa a observar seus próprios padrões mais como parte de uma consciência dos espaços emocionais e do estado de espírito, passa a notar que em 99 por cento das vezes o mau humor eventualmente melhora. O estado de espírito vai sempre mudar, isso é certo. Uma vez que você aceita que o estado de espírito está em constante mudança, é possível aproveitar esse conhecimento utilizando diferentes estados para diferentes tarefas. A pergunta muda de "Como me torno e fico feliz o tempo todo?" para "Como posso aproveitar o estado de espírito enquanto ele estiver em alta?" Você pode não somente dar a si mesmo permissão para ter pensamentos negativos e deixá-los para lá, como planejar usar ambos, o alto e o baixo estado de espírito, de forma mais eficiente durante todo o seu dia.

Quando você entende melhor seus próprios padrões, passa a escolher os momentos certos para tomar decisões ou lidar com situações que vão render o melhor resultado possível. Quando percebe que um estado de espírito oscilante é simplesmente parte de sua composição interna, e reconhece que não dá para vivenciar as situações sempre sob a mesma perspectiva, você passa a perceber como isso impacta o resultado a cada vez. Essa consciência permite que você encontre formas transformadoras de pensar sobre as coisas.

Na verdade, você já deve ter uma ideia sobre sua mudança de estado de espírito. Pode ser que você já perceba como ele se transforma ao longo do ano, assim como eventos, metas e atividades mudam de acordo com as estações. Se sua empresa funciona a todo vapor no outono, você percebe que a sobrecarga começa a se instalar e a demanda a aumentar. Quando o ritmo desacelerar em janeiro, você provavelmente vai achar mais fácil parar para pensar novamente. Ou você pode começar a notar que se sente desanimado na manhã de uma quinta-feira, depois de uma reunião de pais e professores, porque ainda está processando o que aconteceu na noite anterior. Aquela reunião mensal da diretoria pode ter deixado você frustrado, cansado e com baixo estado de espírito.

Observe quando sua força de vontade e resiliência estiverem mais elevadas. Se você sabe que está naturalmente de bom humor pela manhã, esse é provavelmente um ótimo horário para enfrentar um desafio, resolver um problema ou lidar com aquele email desagradável que você tem evitado. Por outro lado, quando está exausto às oito horas da noite, provavelmente esse *não* é um bom momento para responder a e-mails. Ou talvez você perceba que é uma pessoa noturna, que se sente revigorada às três da tarde, e, assim, consegue tomar melhores decisões a partir desse horário. Reconhecer esses níveis de energia naturais ao longo do dia, ou de um período de tempo, pode ajudar você a identificar seu estado de espírito mais detalhadamente.

O REFLEXO DOS ESTADOS DE ESPÍRITO

Uma vez que você aprende a administrar a consciência interna de seu próprio estado de espírito, é possível que se torne atento em relação ao que outras pessoas estão experimentando em seus estados de espírito. Se tenho um cliente de coach completamente sobrecarregado e frustrado e preciso treiná-lo em algo complexo e capaz de mudar sua vida, é necessário, primeiramente, dar a ele algum espaço. Esse não é um momento para que ele simplesmente coloque o "boné do resolvedor de problemas". Na verdade, se você deseja se arrepender, tome decisões enquanto estiver com baixo estado de espírito.

Um diretor com quem eu trabalhava me chamou para dizer que sua empresa havia realizado uma pesquisa de engajamento com os funcionários, ele tinha acabado de receber os resultados. "São terríveis, ninguém está feliz. Todos na minha equipe estão insatisfeitos", lamentou. Sem pausas, ele continuou com a solução: "Levei meus três gerentes para uma sala e disse que eles teriam que consertar aquilo. Caso contrário, alguém seria demitido".

O diretor ficou deprimido ao receber os resultados. Então, exigiu de membros da equipe que, repentinamente, estavam com receio de serem demitidos, um pensamento criativo sobre um problema complexo. O estado de espírito deles passou a refletir o do diretor. O baixo estado de espírito daquele líder acabou prejudicando o estado de espírito de sua equipe. Depois de puxar todos para baixo, ele ainda esperava um pensamento criativo e resultados que são muito mais desafiadores de serem conquistados nessa situação.

Por outro lado, recentemente trabalhei com uma vice-presidente e seu diretor. Não sei o que especificamente estava acontecendo, mas, antes de iniciarmos nossa discussão, a vice-presidente voltou-se ao diretor como se soubesse que ele havia enfrentado um desafio naquela manhã.

Ela perguntou: "Agora é um bom momento para você lidar com isso?" Quando ele disse sim, ela retrucou: "Você tem certeza? Isso pode esperar se você não se sentir totalmente pronto para essa discussão". Obviamente, ela sabia que ele estava com dificuldade e, provavelmente, com baixo estado de espírito. A vice-presidente estava checando se o diretor tinha espaços emocionais disponíveis para integralmente participar ou não daquela reunião na segunda-feira pela manhã.

Também podemos nos dar conta dessa dinâmica em nossas relações íntimas. Talvez seu companheiro ou companheira tenha dito algo que você levou para o lado pessoal. Ao perceber que seu cônjuge está lidando com um assunto que o deixa com baixo estado de espírito, saiba que, provavelmente, ele não está pensando da melhor forma naquele momento, o que pode suavizar a maneira como você ouve e processa o comentário.

CUIDADO COM AS LACUNAS

Surpresa! Se você for como eu, sabe que algumas surpresas são boas notícias, mas, na maioria dos dias, tento evitá-las. Uma sábia pessoa me disse uma vez que a lacuna entre o que esperamos e o que realmente acontece está diretamente relacionada à maneira como sentimos e vivenciamos a situação. Se estamos esperando um trânsito intenso em uma sexta-feira ao final do expediente à noite, embora possamos não gostar, avançamos lentamente pelo caminho mesmo assim. Mas se esse mesmo atraso de trinta minutos ocorre devido ao trânsito lento em um dia comum, isso pode nos deixar loucos. A diferença entre o que esperamos e o que acontece pode mudar, em vários degraus, nossa posição na escada do estado de espírito.

Então, quando somos atingidos por uma daquelas surpresas "desagradáveis", e nos sentimos zangados e chateados, nosso primeiro instinto é reagir; todos queremos saber o *que fazer a seguir.* Portanto, é irônico que, ao orientar um cliente nessa situação, formulo com ele estratégias mostrando como o importante é *não fazer nada.* Às vezes, a melhor maneira de preencher essa lacuna, ou de responder a uma decepção, é dar tempo para que seu estado de espírito melhore por si só. Uma coisa certa é que todos temos um estado de espírito oscilante. E, se temos isso em mente, sabemos que um baixo estado de espírito jamais é permanente. Então, fazer uma pausa frente ao baixo estado de espírito é uma das maneiras mais fáceis de criar estratégias sobre como responder quando a vida coloca um abacaxi em suas mãos.

Em 2016, fiquei muito animada com relação às eleições presidenciais nos Estados Unidos. Quando a votação chegou ao fim, abri uma bela garrafa de vinho para assistir à contagem dos votos, esperando celebrar com milhões de pessoas (especialmente as muitas mulheres, que estavam entusiasmadas em ver uma mulher ocupar aquele cargo pela primeira vez na história). E é claro, as coisas tomaram um rumo muito diferente. Não era assim que eu esperava aproveitar aquela garrafa. Esse não era o plano. O que era para ser um brinde à vitória acabou se transformando em um fraco consolo.

No dia seguinte, fui convidada a escrever um artigo para uma revista com minha opinião sobre a eleição e sobre a perspectiva em relação ao vencedor. O artigo alcançaria uma audiência significativa.

Eu estava em um estado de espírito tão baixo que meus pensamentos não me pareciam construtivos. Não me sentia bem em relação ao que poderia ser colocado ali naquele artigo para o mundo ver; eu não me sentia apta a dar uma resposta inteligente sobre o assunto.

Eu estava ciente do meu estado de espírito e de como ele poderia afetar meu trabalho. Por isso, pedi um prazo um pouco maior, e, assim, consegui me dar espaço para ver se me sentiria um pouco melhor após ter tempo para absorver aquelas informações. Embora existisse uma enorme lacuna entre o que eu tinha previsto e o que realmente havia acontecido, eu precisava estar com o estado de espírito mais elevado para encontrar alguma criatividade. Em outras palavras, eu simplesmente reconheci meu estado de espírito e, então, fiz uma pausa a fim de dar tempo para ele mudar um pouco.

Depois de muito pensar, admito que ainda estava decepcionada, mas tudo foi ficando mais claro. Para centralizar meus pensamentos, eu tinha que pensar fora da caixa. Sentei-me em um espaço silencioso do meu escritório e me perguntei: "Se eu estivesse com estado de espírito elevado, que perspectiva poderia trazer para o tema?". Passei algum tempo refletindo sobre essa questão, e aquela pequena mudança me levou a um pensamento mais produtivo. O artigo que escrevi foi mais perspicaz do que qualquer coisa que eu poderia ter apresentado naquele primeiro dia.

Alguns dos maiores consumidores de espaços emocionais são eventos que não esperávamos que acontecessem, ou que de forma alguma esperávamos que acontecessem, mas não aconteceram. Então, deveríamos diminuir nossas expectativas? Deixá-las de lado? Absolutamente não.

Se você espera que seu casamento seja "até que a morte os separe", receber os papéis do divórcio abalaria totalmente sua estrutura. Isso não significa descartar essa expectativa e viver a vida esperando que seu cônjuge deixe você a qualquer momento, porque não seria nada saudável. Contudo, se a possibilidade se torna real, você tem a escolha de estar ciente de que a magnitude de sua agitação emocional está diretamente relacionada às crenças e às expectativas às quais você se agarrou por tanto tempo. O que você planejou foi muito diferente de como as coisas aconteceram, não é de se admirar que você esteja chateada!

Há uma profunda sabedoria em ser capaz de dizer: "Estou me sentindo frustrada porque não esperava que isso acontecesse". Reconheça a emoção conforme passa pela experiência e notará algo fascinante. Apenas identificar a diferença entre o que você achou que aconteceria e o que realmente aconteceu leva embora boa parte da energia negativa daquele momento.

ESPERE PELA LUZ DO SOL

O simples fato de esperar um pouco pode ser exatamente o que precisamos para clarear a mente, mesmo frente às maiores preocupações da vida. Uma cliente, Bev, me ligou em meados de fevereiro, em um dia frio de nevasca. Ela estava muito frustrada com seu casamento, decidiu que não aguentava mais e queria o divórcio. Ela e o marido tinham uma filha juntos, e entre a vida familiar e seus empregos estressantes, sempre encontravam tempo para brigar toda semana. Quando perguntei sobre o que estava ocupando seus espaços emocionais, pude ver que ela ainda o amava, e não existia abuso ou traição; no entanto, ela tinha vários problemas pesando sobre ela, incluindo o vai e vem a médicos para sanar o problema de saúde da filha, um pai idoso que precisava de muita ajuda e um trabalho no qual ela não se sentia muito valorizada. Quando questionei sobre os espaços emocionais do marido, Bev fez uma pausa. Ela não tinha pensado muito sobre os dele. Pensando bem, também tinha muita coisa ocupando esses espaços dele, algumas semelhantes às dela, outras diferentes.

O que eu principalmente notei enquanto ela falava foi seu baixo estado de espírito, sua frustração, sua raiva e o quão deprimida ela parecia. Eu a desafiei a considerar se seus problemas eram temporários ou permanentes.

Sugeri : "Se quiser se divorciar espere até junho. Se o relacionamento é tão ruim a ponto de você precisar de um divórcio, ainda valerá a pena terminar em junho".

Eu a incentivei a reconhecer que, com ambos tendo poucos espaços emocionais disponíveis, enquanto enfrentavam um inverno particularmente frio e escuro, era possível que as coisas mudassem com o passar dos dias, sem ao menos ser necessário fazer algo para isso. Com um pouco de tempo, vitamina D e um estado de espírito mais elevado, ela poderia ter mais clareza sobre se deixar o marido seria a decisão certa. Passamos o resto da sessão trabalhando em algumas outras coisas que ocupavam seus espaços emocionais.

Quando nos encontramos novamente em junho, Bev se sentia um pouco envergonhada. Ainda casada, comentou que as coisas estavam bem melhores. Comentou também que, quando maio e junho chegaram e ambos estavam desfrutando mais do sol (ou seja, limpando menos neve), os problemas simplesmente não eram mais tão grandes. Ela e o marido relaxaram um pouco sobre os impasses que antes provocavam grandes brigas. Alguns planos divertidos para o verão, juntamente com o passar do tempo, ajudaram a esclarecer as decisões dela. Tivemos uma ótima conversa sobre o quão diferente os problemas parecem quando você está com o estado de espírito elevado.

Muitas vezes, podemos nos pegar dizendo "O céu está caindo!" no momento exato em que necessitamos de um pensamento inspirador, original e livre de pânico. Um estado de espírito ansioso e deprimido pode bloquear o acesso ao pensamento claro que buscamos. Isso não significa que é errado ficar chateado ou com raiva. Está tudo bem em não saber como se levantar de novo naquele determinado momento. Na verdade, precisamos de autoconsciência para perceber que a sensação ruim proveniente daquela situação não é permanente.

Em resposta a uma crise, faça um plano para descobrir como evitar tomar muitas decisões importantes e buscar soluções para diversos problemas complexos por um breve período de tempo. Desacelere por alguns minutos, horas ou dias, dependendo da situação. Abra espaço para ganhar perspectiva, processar o que está acontecendo e contar com um estado de espírito mais elevado. Dê a si mesmo um pouco de tempo até recuperar novamente os pensamentos mais otimistas e melhorar seu estado de espírito.

Meus clientes de coaching confessam que esperar é mais difícil do que parece. As pessoas frequentemente agem com base em suas respostas emocionais imediatas; elas rapidamente deixam o emprego, vendem a casa, terminam o relacionamento, demitem um funcionário, colocam o filho em um internato, seja qual for o caso. "Eu simplesmente não tive forças para mudar meu estado de espírito antes de enviar aquele e-mail. Eu precisava responder", diriam. Tomar uma grande decisão parece ser a única maneira para encontrar alívio.

Lembre-se: não se trata de força, mas de tempo.

Grandes decisões podem ser tomadas mesmo com baixo estado de espírito, mas as melhores acontecem quando ele alcança níveis mais elevados. Se você recebe más notícias em uma reunião e fica com vontade de chorar ou de dar um soco na parede quando ela termina, perceba que, provavelmente, não vai se sentir igual no dia seguinte pela manhã. Você vai acordar com acesso a diferentes informações, com clareza de ideias, e estará com um estado de espírito modificado. No calor do momento, processar o que está acontecendo parece impossível. Contudo, levar tempo para processar algo é uma forma de subir a escada e, assim, chegar a um estado de espírito mais elevado, o que contribui para ideias mais criativas e melhores abordagens.

O estado de espírito pode ajudar ou atrapalhar tudo o que fazemos; ele molda o tipo de criatividade, discernimento e clareza que trazemos para enfrentar um desafio. Em vez de sermos pegos sob o incrível peso de um baixo estado de espírito, enxergando apenas uma saída, começaremos a ver mais opções.

PERMITA-SE ESTAR PARA BAIXO

Os problemas que enfrentamos são inerentes às condições humanas. O objetivo não é fugir do que nos prejudica ou criar uma vida na qual nunca estamos desanimados, mas ter resiliência. Queremos ser capazes de nos levantarmos, de superarmos tudo aquilo que, inevitavelmente, entra em nosso caminho enquanto resolvemos problemas, gerenciamos conflitos ou tomamos decisões.

Compreender o poder do estado de espírito não significa adotar uma atitude de Pollyanna. Não estou pedindo para ninguém passar os dias cantarolando. Entender sobre estado de espírito, no entanto, é como ter acesso a um pouco de magia. Você passará a enxergar seus relacionamentos com outras pessoas de maneira diferente. Saberá reconhecer o papel que seu estado de espírito desempenha quando você conta com ele para resolver os problemas ou pensar sobre as coisas.

Às vezes, só temos que fazer as pazes com nosso baixo estado de espírito, enquanto reconhecemos que uma perspectiva melhor está por vir. Dizer a si mesma que é preciso deixar de lado o baixo astral, no entanto, pode fazer com que você não vivencie o que está realmente sentindo naquele momento. E não há problema em manter uma emoção negativa por algum tempo. Reconheça essa emoção. Guarde-a. Dar a si mesma permissão para experimentar o que se sente é saudável; não é o mesmo que mergulhar em sofrimento.

Precisamos, especialmente, nos permitir ficar desapontados. Com muita frequência, o mundo da autoajuda concede um curto período de tempo para que possamos nos sentir mal antes de encontrarmos uma maneira de sermos felizes novamente. Quando me transformei em coach, estava usando muitas ferramentas da PNL, o que me fazia sempre procurar reescrever rapidamente as experiências negativas como positivas. Ao mesmo tempo, descobri que não podia fazer isso sozinha. Era impossível apenas reformular uma experiência negativa e me sentir melhor cinco minutos depois. Tanto para mim como para meus clientes, era necessário encontrar paz nos momentos em si.

A PASTA PARA UM DIA CHUVOSO

Quando comecei meu negócio, um dos meus coaches me deu esta dica: *recolha todos os elogios que os clientes lhe enviarem dizendo quanto valor você acrescentou à vida deles e coloque tudo em uma pasta de depoimentos.* Ele me disse para guardar essa pasta para um dia chuvoso, para os dias em que eu sentisse não ter acrescentado valor à vida de ninguém. Essa pasta deveria estar pronta e à mão para que eu pudesse ver sempre alguém falando: "Obrigado. Isso ajudou".

Esses tempos chegaram, assim como ele me disse que chegariam. Talvez um projeto não tenha ido bem, ou uma orientação de coaching não tenha funcionado. Mas só de saber que a pasta está lá, com todos aqueles depoimentos de pessoas que obtiveram sucesso a partir da minha ajuda, já ajuda a recuperar meu bom humor.

Recentemente, estava auxiliando um cliente que se apropriou dessa ideia. Ele decidiu criar uma coleção de fotos com os momentos mais marcantes de sua vida. Ele chamou a pasta de "O que mais importa". Mais uma vez, ao sentir-se para baixo, ele sabia que o fato de olhar só por dez minutos para aquelas fotos — de suas férias favoritas, de quando se sentiu loucamente apaixonado, das risadas com amigos, dos momentos agradáveis com sua família e com seus amados animais de estimação — o ajudaria a acessar seu alto estado de espírito e, consequentemente, a lembrar o que é mais importante.

É contraintuitivo, mas sentar-se para avaliar os sentimentos negativos permite, muitas vezes, que a cura venha mais rapidamente. Foram necessários mais de dez anos de estudo para que eu entendesse isto: quando damos a nós mesmos permissão para nos sentirmos mal, a batalha interna chega ao fim. É um alívio.

Quando estiver com sentimentos negativos, tenha curiosidade. Faça perguntas a si mesmo. Depois de decidir não fazer nada, pense nas perguntas que pode fazer a si mesmo a fim de alcançar um nível superior em seu estado de espírito. *Caso estivesse com o estado de espírito mais elevado, que nova perspectiva eu poderia trazer ao tópico no qual estou pensando?* Talvez você ainda esteja dando voltas no mesmo lugar, mas agora consegue ver — e talvez alcançar — os primeiros degraus da escada que, eventualmente, o levarão para cima.

Lembre-se de que você não precisa estar preso a um estado de espírito oscilante. É possível influenciar e, até mesmo, mudar seu estado de espírito. A escada é apenas uma ferramenta, e vamos usar essas ferramentas para limpar e manter nossos espaços emocionais. Ao tomar consciência de que está em crise, é possível criar movimentos com o objetivo de deixar aquele péssimo lugar. Talvez você só precise se levantar, sair do escritório e pegar um café. Ou, talvez, ler um livro ou assistir a algo engraçado possa ajudar.

Quando você faz uma pausa para pensar sobre essas etapas regularmente, começa a notar o que o faz descer até níveis mais baixos — as circunstâncias que o levam a tomar medidas inadequadas baseadas em sua visão turva do mundo.

Frequentemente, por exemplo, certas pessoas — como colegas de trabalho e membros da família — previsivelmente mudam seus estados de espírito. Se você sabe que precisa lidar com essas pessoas, como pode mudar seu estado de espírito a fim de alcançar um melhor resultado? Há um momento mais ou menos adequado para se aproximar delas? Se teve uma noite de sono horrível e acordou de péssimo humor, esse talvez não seja o momento ideal para ir até a mesa dos seus colegas de trabalho para dizer o que realmente acha sobre o e-mail de ontem à noite.

Preste atenção ao momento em que você escolhe lidar com situações difíceis. Tenha em mente que seu melhor desempenho e suas melhores decisões são provenientes de um estado de espírito neutro ou elevado.

EXERCÍCIO Nº 3: MAPEIE SEU ESTADO DE ESPÍRITO

É fundamental ser capaz de visualizar seu estado de espírito e perceber rapidamente como isso influencia você em cada situação.

- **Passo 1:** pergunte-se: "Quando foi a última vez que senti estar com estado de espírito elevado? Que circunstâncias me colocaram lá?" Quando você está com estado de espírito elevado, o que acontece? O que acontece com seus espaços emocionais? Como isso ajuda você a aprender algo?
- **Passo 2:** quais foram alguns dos momentos em que você esteve com baixo estado de espírito? Como era a qualidade dos seus pensamentos? Quais foram alguns dos pensamentos que você teve quando estava com baixo estado de espírito?
- **Passo 3:** alcançar a crença fortalecedora é uma das maneiras mais rápidas de mudar o estado de espírito. "Se eu quisesse mudar meu estado de espírito usando uma crença fortalecedora, que crença fortalecedora seria essa?" (Exemplo: Eu sou forte. Eu sou inteligente. Eu tenho as ferramentas de que preciso para fazer algo incrível nessa situação. Eu sei que vou me sentir diferente com relação a isso com o estado de espírito mais elevado etc.)

Parte três:

Trazendo conceitos à prática

Capítulo cinco

Gestão de propriedade

A menor das ações vale sempre mais do que a mais grandiosa das intenções.

— Robin Sharma

Você nunca mudará sua vida até que mude algo que faz diariamente. O segredo do seu sucesso é encontrado em sua rotina.

— John C. Maxwell

Ter consciência em relação aos espaços emocionais e ao estado de espírito é um gigantesco passo. Você aprende a verificar internamente seu estado de espírito em um determinado momento e, como resultado, começa a tomar decisões de forma diferente. Você passa a ter em mente que, quando desperdiça energia em algo de baixa prioridade, está usando seus espaços emocionais de forma errada. Uma vez que consegue visualizar os espaços emocionais e o estado de espírito dessa forma, você não pode mais "desver" esses conceitos. É saber identificar cada momento que você notou como estresse, é ter ideia de como obter uma visão mais clara do que realmente está acontecendo nos bastidores.

Mas, e agora? O que fazemos com toda essa grande consciência?

Quando finalmente olhamos para o gramado de nossa vida e percebemos que ele está superlotado e uma bagunça, é fácil querer fechar as persianas e nunca mais olhar para fora. Existem pessoas que preferem viver nas montanhas, onde encontram completa simplicidade, paz e felicidade — mas essa não é a única opção que temos. Não há problema em colecionarmos ambições, interesses e prioridades em nossas vidas, ser ocupado *e* feliz ao mesmo tempo.

A missão mais importante, o objetivo de todo esse trabalho, e a única coisa que você deve aprender, caso não leia mais nenhuma página deste livro, é que, para produzir de forma consistente, é necessário ter algum lugar livre em seus espaços emocionais. É por meio desse lugar livre que você consegue se tornar presente. É por meio dele que você pode se manter ocupado sem se perder ou perder sua felicidade. Esse lugar livre é o que dá a você espaço para processar o inesperado sem se sentir sobrecarregado.

Dito isso, temos, em qualquer momento, duas opções a fim de criar esse lugar livre: podemos nos libertar de algo ou podemos agir. Isso é Gestão de Propriedade, e é assim que podemos trazer felicidade e presença de volta às nossas vidas.

COMO PRODUZIR (CONSISTENTEMENTE) COM ESPAÇO LIVRE

Existe uma matemática para os espaços emocionais, não aquela frustrante que seus filhos aprendem na escola ou a dificílima que você amou ou odiou na faculdade. Ao imaginar seus espaços emocionais como um grande gramado frontal, todo utensílio, lixo, paisagismo e bagagem estão localizados entre você e a presença, que fica situada do outro lado daquele gramado. Em nosso caso, o "além do gramado" é o momento presente. A única maneira de ter acesso a ele — para ser feliz não importa o quão ocupado você esteja — é manter algum espaço livre. Sempre. E com lugar suficiente para tudo o que você intencionalmente incluiu nos seus planos, bem como alguma folga destinada às surpresas inevitáveis da vida.

A maneira de fazer isso acontecer é utilizar a matemática dos espaços emocionais: podemos subtrair o que ocupa lugar desnecessariamente ou adicionar aquilo que nos devolve energia e espaço. É realmente assim. Vamos começar pelas coisas que ocupam lugar sem necessidade e, para elas, temos três opções: escolher usar os espaços emocionais em algo, optar por deixá-las para lá ou tomar uma atitude a respeito.

Antes de simplesmente acrescentar meditação ou ioga à nossa rotina, deixo claro o seguinte: quando trabalho com clientes que se sentem sobrecarregados, a última coisa que eles querem ouvir é ser necessário "encontrar tempo" para fazer algo com o intuito de se sentirem felizes. Eles estão a todo vapor o tempo todo e se sentem impotentes com relação à priorização de energia. Assim como eu, você já deve ter ouvido — por meio de livros, oradores e conselhos que dizem: "Aposte nessas coisas para se sentir menos estressado" — faça exercícios, coma bem para ter mais energia, encontre tempo para meditar, entre na aula de ioga... todas elas obrigações para você acrescentar ao seu dia a dia e que, provavelmente, deixará de cumprir. Li todos aqueles livros sobre ser feliz, mas nenhum deles me ensinou *como*; eles só me disseram que eu *deveria* ser feliz. O mesmo acontece com meus clientes quando me procuram, eles não estão prontos para acrescentar outra prática em suas rotinas.

A sensação de desvendar as coisas que preenchem nossos espaços emocionais é a de que estamos sendo atingidos por um tornado, embora não estejamos em perigo. Muitas vezes, meus clientes chegam até mim sentindo a vida tão atribulada que a vontade deles é jogar tudo para o alto. No entanto, quando olham ao redor, a casa está de pé, o carro está estacionado em segurança na garagem, o cão está abanando o rabinho, o cônjuge e filhos estão (na maioria das vezes) felizes e saudáveis. No entanto, sentem que o mundo deles é muito atribulado, um incontrolável caos. É como se não tivessem energia suficiente e não conseguissem pensar em todas as coisas que exigem atenção. O que está faltando a eles é propriedade básica de gerenciamento de habilidades, a matemática dos espaços emocionais.

ESPAÇOS EMOCIONAIS EM QUALQUER ASPECTO DA VIDA

O conhecimento que você absorveu, assim como as ferramentas relacionadas aos espaços emocionais, pode ser aplicado em toda a sua vida. Tudo isso é útil para os impasses enfrentados no trabalho, para a relação com seu chefe e, ainda, para outras questões importantes — problemas com os pais, tarefas que seu filho adolescente não está disposto a fazer, varanda ou porão desordenados que você precisa arrumar. Tudo isso serve para ser utilizado frente a situações que acontecem ao acaso ao longo do dia e, também, para lidar com a toda a bagagem familiar que você carrega há anos.

Neste capítulo, vamos começar a criar espaço para essas mudanças maiores e de longo prazo, obtendo, agora, grandes retornos em pequenas doses. Desde que tenhamos nossos espaços emocionais como foco, começar devagar é uma ótima maneira de ter mais condições para pensarmos claramente. Então, imagine-se colocando todos os seus problemas em caixas e posicionando cada uma em seu gramado. Nós vamos chegar até elas. Mas, primeiro, vamos praticar.

COMECE COM COISAS PEQUENAS (REALMENTE PEQUENAS)

Espaços emocionais completamente cheios parecem confusos e difíceis de desvendar, especialmente quando tudo no dia a dia parece tão urgente. Muitas vezes, é assim que a sensação de "atribulado" aparece. Culpamos os prazos curtos e a agenda lotada por nossa frustração. Podemos até reordenar e reorganizar nossos horários para criar alguma brecha no calendário. O problema é que raramente levamos nossos espaços emocionais em conta quando refazemos o planejamento e mapeamos prazos na tentativa de "consertar" nossa rotina. O estresse ocorre como resultado de pensamentos e conversas internas, que incluem preocupações do passado, aflições futuras e tudo que vamos desvendar no decorrer deste livro.

Por mais que eu tenha trabalhado em espaços emocionais ao longo dos anos, nunca pude separar em categorias as diferentes maneiras de lidar com suas peculiaridades, porque *tudo* o que está acontecendo em nossas mentes ocupa espaço emocional, e, uma vez que sentimos nosso pensamento, estamos falando de toda uma experiência de vida. A boa notícia é que você pode aplicar uma única estrutura e um determinado conjunto de ferramentas em cada um dos aspectos da sua vida, seja ele grande ou pequeno, a fim de criar espaço.

O que descobri, no entanto, é que tudo o que ocupa lugar em nossos espaços emocionais está acontecendo em um desses três setores: no passado, no presente ou são preocupações relacionadas ao futuro. Você também pode dividir aquilo o que ocupa lugar em dois grupos: pensamentos que absorvem espaço ou atividades que absorvem energia.

Portanto, se precisamos de mais espaços emocionais para sermos felizes, então nossas alternativas básicas são deixar o pensamento para lá ou tomar uma atitude em relação a ele. Como é muito difícil pensar em uma forma de agir sobre algo que aconteceu no passado, muitas vezes, livrar-se do pensamento se torna algo complicado.

Se você ainda está perdendo o sono por causa de uma observação que sua irmã fez há dois anos sobre sua incapacidade de preparar adequadamente o jantar de Natal, saiba que esse pensamento ocupa lugar. Para criar espaço, o ideal é livrar-se dele. Mais sobre isso no capítulo seis.

Talvez você esteja preocupado demais com o futuro, planejando, traçando estratégias e, até mesmo, receoso em relação a ele. Quando isso acontece, existem expectativas que devem ser deixadas de lado. Outra opção é, frente aos passos a serem dados, você colocar esforços onde se sente mais fortalecido. Veremos como entrar em ação no capítulo sete.

No presente, geralmente há uma variedade de opções disponíveis para deixarmos para trás ou para agirmos com relação a elas. Trabalharemos, primeiramente, na vida cotidiana praticando o gerenciamento dos espaços emocionais em pequenas coisas; isso antes de enfrentarmos as preocupações mais urgentes e os desafios mais importantes em capítulos posteriores. Nosso objetivo com os espaços emocionais não é prescrever uma lista pronta do tipo "faça isso", mas ajudá-lo a encontrar uma prática que seja adequada para você e sua vida agitada.

UM OLHAR MAIS ATENTO AO SEU DIA A DIA

Administrar os espaços emocionais não é diferente de administrar seu horário ou seu orçamento. Muitas vezes, quando estou trabalhando com meus clientes, peço que eles falem sobre suas rotinas. Pergunto cada detalhe. Normalmente, há maneiras muito fáceis de encontrar novos espaços emocionais se olharmos as coisas bem de perto.

Na verdade, como já discutimos um pouco, eles podem estar entrelaçados. Por exemplo, consideramos nossos orçamentos ao nos perguntarmos se podemos gastar cem dólares para contratar uma faxineira imaginando o quanto odiaríamos despender essa quantia em algo que faríamos em poucas horas. Dito isso, se pensarmos em quantos espaços emocionais utilizaríamos todos os dias olhando para o chão sujo do banheiro dizendo: "Eu tenho que encontrar tempo para limpar a casa. Meu Deus, por favor, não deixe um amigo aparecer inesperadamente" ou, "Nossa, minha vida está uma bagunça" (enquanto olha para a bagunça). O custo-benefício de gastar cem dólares poderia devolver trezentos dólares em espaços emocionais.

Outro exemplo inclui ler ou assistir às notícias, todos os dias, durante o café da manhã. Ao notar que você começa o dia pensando em uma série de assassinatos e na última guerra que está se formando, talvez você queira repensar esse hábito a fim de otimizar melhor seus espaços emocionais. Não estou dizendo para enterrar sua cabeça na areia; mas, saiba como se manter informado e entender o que algumas dessas notícias podem fazer com seus espaços emocionais. Se está apenas lendo ou ouvindo más notícias por costume, como se sente depois? Após ler ou assistir às notícias, você sente sua cabeça girando enquanto repassa as histórias do dia em sua mente?

Certa vez, minha cliente decidiu se manter informada diariamente sobre dois novos tópicos com os quais ela mais se importava, então escolheu acompanhar ativamente duas fontes de notícias. Ela agora lê o resumo semanal de um blog de notícias para estar por dentro do que acontece pelo mundo.

Quando dou palestras sobre isso, o processo de repensar a rotina através das lentes dos espaços emocionais vem geralmente acompanhado de muitos "eureca". Isso acontece a partir do momento em que as pessoas começam a olhar seu dia a dia com mais atenção. Um dia, estava ministrando um workshop e uma participante chamada Stella me contou que uma colega de trabalho sempre enviava e-mails durante à noite, e que isso sempre a deixava irritada. Ela se via indo para a cama furiosa devido às mensagens, frustrada e incapaz de dormir pensando em que resposta dar.

A solução óbvia era: por que você não para de verificar e-mails à noite e fica junto à sua família? "Eu não tenho esse tipo de trabalho. Trabalhamos com outras partes do país e há a expectativa de que estejamos disponíveis fora do nosso próprio horário comercial", disse ela.

Seu momento eureca veio mais tarde. Na próxima sessão, Stella anunciou que havia encontrado uma solução para o impasse. "Percebi o quanto isso é importante, então tive uma ideia ontem à noite depois da nossa sessão."

Naquela noite, Stella mudou as configurações de sua caixa de entrada. Dessa forma, todo e-mail daquela colega de trabalho era automaticamente filtrado para uma pasta. Ela amou essa solução porque não precisava ver aqueles e-mails não lidos esperando por ela à noite. No outro dia pela manhã, quando chegasse ao escritório, ela poderia abrir aquela pasta e começar a trabalhar nessas tarefas com melhor estado de espírito. Ela era muito mais paciente em suas respostas e, finalmente, conseguia dormir à noite.

A solução da Stella foi extremamente simples, mas absolutamente brilhante, e se encaixou perfeitamente em sua situação. Ela sabia que os e-mails da sua colega estavam chegando no momento errado do dia. Uma simples mudança na rotina, e na maneira como ela interagia com uma tarefa que a deixava frustrada e esgotada, foi capaz de transformar a qualidade da sua interação com essa pessoa, a qualidade do seu desempenho e, ainda, a qualidade do seu sono.

Pequenas mudanças, exatamente como essa, podem gerar um grande impacto.

COMPREENDA SEUS INSTINTOS

Nem é preciso dizer que há partes de seu dia que você simplesmente não aprecia. Isso acontece com todos nós. Mas não vamos tomar isso como algo incontestável, pois a maioria de nós ingressou nesse processo buscando mudança. Lembre-se de que grande parte do estresse e do excesso de trabalho é resultado dos pensamentos que vivenciamos. Muitas vezes, se você refletir a respeito de seus padrões de pensamento ao longo do dia, provavelmente não saberá com clareza quais partes de seu dia se alinham aos seus instintos e quais não se alinham. Ao invés disso, você provavelmente está fazendo o que eu fiz, e o que muitos de meus clientes têm feito: se punir.

"Deus, por que eu não gosto disso?

Por que estou procrastinando novamente; não posso simplesmente fazer isso logo?

Posso fazer esse [inserir trabalho, atividade, hobby] facilmente, mas, por alguma razão, me sinto esgotado depois."

Eu só preciso trabalhar mais ou me fortalecer um pouco e parar de choramingar!

Anos depois de ter deixado meu primeiro emprego em engenharia, eu estava trabalhando com uma consultora que me disse ter uma "incrível ferramenta" capaz de entender se o perfil de uma pessoa era adequado para determinado trabalho. Era uma ferramenta de avaliação on-line, e, depois de utilizá-la, ela e eu conversamos sobre os resultados.

A consultora ressaltou meu alto instinto de improvisação — destacou que sou uma pessoa boa para ter ideias, marcando nove pontos em dez. Mas minha análise de dados e meus instintos de processo repetíveis estavam mais perto de quatro. Nós rimos, e eu tive alguns momentos de inspiração e compreensão, mas depois ela me disse isto:

> "Não consigo acreditar que você já foi engenheira. Não me surpreende que você fosse capaz de fazer o trabalho, mas nenhum de seus instintos está alinhado com o que seria necessário para gostar das tarefas que desempenhava. Não é de se admirar que você se punisse, já que não estava feliz no trabalho."

A questão que ela levantou, e o que vi se repetir várias vezes, é que até podemos fazer vários tipos de trabalho, mas pessoas diferentes têm instintos diferentes, coisas que adorariam fazer só por diversão. E, ainda que não tenhamos sido deixados à nossa própria sorte, todos nós ficamos energizados por diferentes tipos de trabalho baseados em nossos instintos. Uma pessoa pode fazer algo muito repetitivo ou com processos extremamente detalhados, enquanto outra pessoa (como *eu*!) gostaria de ser criativa e pensar fora da caixa. Alguns querem as instruções, enquanto outros não querem as respostas, querem descobrir à sua própria maneira.

Antes de entender como funcionam os instintos, honestamente me perguntava se havia algo de errado comigo. Por alguma razão, meu trabalho altamente repetitivo, baseado em planilhas de Excel, era bem desgastante para mim. Compreender como o instinto influencia os espaços emocionais nos ajuda a entender que algumas coisas sugam nossa energia, enquanto outras não, e isso varia de pessoa para pessoa. Não há problema algum nisso.

Isso não significa que devemos ou podemos evitar tarefas que não estão alinhadas com quem somos. A maioria de nós se depara todos os dias com algo que não corresponde aos nossos instintos. Pode ser que você ame viajar, mas isso gera despesas que deve pagar. Você pode confiar seus impostos e finanças a um contador, mas, ainda assim, precisa se certificar de que todas as informações fiscais estão em ordem na época da declaração (alguém realmente *gosta* de organizar um ano de recibos de uma vez?).

Sempre existirão tarefas cansativas das quais não vamos necessariamente desfrutar. Quando identificamos quais são essas tarefas, podemos parar de nos punir por não gostarmos delas!

Comece a planejar seu dia para que você possa desempenhar essas tarefas quando estiver com o estado de espírito mais elevado. Ganhe alguma energia e espaço livre a partir das tarefas que está inclinado a gostar, e use esse espaço para enfrentar com sagacidade aquilo de que você não gosta. Inicie repensando como planeja sua energia para desempenhar essas tarefas.

DECISÕES DO "DIA D"

Voltemos agora à questão que deu início a este capítulo: o que fazemos com toda essa percepção? Como passarmos a enxergar as coisas que sugam ou dão energia influencia nosso dia a dia? Assim como Stella fez quando percebeu o quanto de espaço emocional estava sendo consumido devido a algo tão pequeno, é hora de olharmos para nossas vidas através da lente dos espaços emocionais e começarmos a ser criativos.

Novamente, comece devagar, com coisas extremamente simples. Você provavelmente vai se surpreender ao notar o quanto de espaços emocionais consegue liberar ao fazer uma dieta mental, limpando o barulho que vem das mídias sociais, das notícias, do e-mail e da televisão.

Uma cliente contou o quão brava ficava sempre que entrava no Facebook. "Essas pessoas são loucas! O que elas estão pensando?!" Então, eu a desafiei a fazer um rápido jejum de Facebook, e ela aceitou. Algumas semanas após excluir o aplicativo do telefone, ela se surpreendeu com o quanto se sentia melhor. Quando voltou para o Facebook, seis ou oito meses mais tarde, ela estava pronta. Decidiu excluir pessoas e tópicos que consumiam seus espaços emocionais, passou a ficar mais atenta sobre o que compartilhar e deixou de participar de conversas que não acrescentavam em nada.

O próximo passo é começar a se reorganizar. Observe quais das suas atividades diminuem e quais elevam seu estado de espírito. Stella precisava responder aos e-mails de qualquer maneira, mas quando fez isso pela manhã soube lidar com o problema de forma muito mais eficiente para todos envolvidos. Se uma ótima manhã coloca você em um alto estado de espírito, acabe logo com aquela tarefa frustrante enquanto você ainda está se sentindo para cima.

Finalmente, vamos deixar de lado as coisas que, na verdade, não precisamos fazer todos os dias. Você pode mergulhar fundo no trabalho que ama e delegar parte do trabalho que utiliza muitos espaços emocionais? Se você teme o planejamento das refeições, é possível terceirizá-lo? Ou que tal comer as mesmas refeições a cada semana ou a cada mês para evitar consumir espaços emocionais com essa questão? Você pode contratar alguém para fazer algumas das tarefas da casa que demandam tempo? Ou, se você gosta da hora da limpeza aos sábados pela manhã, e isso recarrega suas energias, aproveite! Planeje fazer isso todas as semanas. Coloque uma música e relaxe.

Otimizar o dia de acordo com nossos níveis de energia e instintos também pode nos ajudar a agir com destreza frente a algo inesperado. Lembro-me de trabalhar com uma cliente cujo notebook estragou no dia de uma apresentação importante. Seu vicepresidente entrou em contato para obter informações sobre o equipamento, enquanto ela esperava que o departamento de TI resolvesse o problema e, ao mesmo tempo, tinha comigo uma sessão de coaching relacionada a uma reunião que aconteceria naquele mesmo dia, mais tarde, sobre uma ótima oportunidade de trabalho. No telefone com ela, percebi o quanto estava frustrada.

Ela havia trabalhado a noite inteira na apresentação. Acordou e o notebook não ligava e o departamento de TI não respondia à sua demanda. Não me importa se você é um super-humano, isso parece estressante. A vontade é a de dar um soco em alguma coisa. Você não sabe se chora ou se quebra o notebook. Você está com baixo estado de espírito, sem conseguir pensar com criatividade nem sobre o futuro. Seu cérebro é dominado pelo estado de espírito em que você se encontra. Então, mesmo quando acontece algo completamente não planejado, é necessário descobrir como reorganizar seu dia para manter o alto desempenho nas coisas que mais importam.

Perguntei: "Existe a possibilidade de adiar a reunião que está marcada para o final da tarde? Participar dela com baixo estado de espírito seria uma infelicidade. Você não vai estar bem, e essa é uma conversa importante".

Ela respondeu que não tinha pensado nisso, mas talvez não houvesse problema em adiar. Após ligar para um assistente administrativo, a reunião foi simplesmente transferida para o dia seguinte. Adiar aquela conversa importante concedeu a ela algum espaço para se concentrar no problema que estava tentando resolver.

O PODER DA PRESENÇA

Agora, no exemplo da Stella, se não fosse possível mudar a reunião para o dia seguinte, precisaríamos ter sido mais criativas. Ao trabalhar com executivos que sentem não ter muita flexibilidade, gosto de desafiá-los a repensar como eles usam os três minutos imediatamente anteriores a uma grande reunião para se prepararem mentalmente e "limparem" seus espaços emocionais. Durante uma sessão recente com uma cliente que estava indo para uma grande entrevista, ela planejou estar mentalmente preparada. Fez então um minuto de silêncio (ajustou o cronômetro e fechou os olhos), um minuto de pensamento focado no melhor resultado para aquele evento e passou mais um minuto concentrada nos pontos fortes que poderia destacar para ter sucesso na reunião. Minha cliente relatou que ficou espantada, pois, em apenas três minutos, foi capaz de mudar completamente sua prontidão para o "dia D".

Embora os negócios externos sejam frequentemente apontados como os culpados e os causadores de estresse e sobrecarga, agora você já deve saber que é mais um jogo mental do que qualquer outra coisa. Sentir-se preso em seus pensamentos pode ser um sinal de que está ocupando demais seus espaços emocionais. Ao sentir a pressão interna aumentando, é possível trabalhar para trazer parte do momento presente de volta à sua vida.

Para encontrar uma maneira poderosa de reiniciar, demore-se apenas de um a dez minutos em atenção plena durante uma atividade banal. Como sempre, comece devagar. Ao caminhar até o café, você consegue estar mais consciente e com a mente mais calma? Quando está dirigindo, ou preso no trânsito, é capaz de investir em uma mudança? Quantas vezes utilizamos os espaços emocionais para combater mentalmente o tráfego? "Vamos logo! Não faça esse caminho. Ah, meu Deus, o que você está fazendo? Por que não liga a seta? O que há de *errado* com você?!" Usamos nossa energia emocional finita em algo insignificante, como alguém que se esqueceu de usar a seta. Uma seta! Isso não é um bom uso de energia. Em vez disso, tente usar esse tempo para estar completamente presente. Faça um esforço para ficar calmo e em paz com o que acontece no momento, sem deixar sua mente se desviar para o trabalho, para a família ou para qualquer outro pensamento relacionado ao mundo fora do seu carro.

Uma cliente disse que seu momento eureca ocorreu quando ela finalmente começou a usar seu tempo no trânsito para se preparar energeticamente para uma reunião importante. Ela contou: "Outro dia utilizei uma viagem completa de 32 minutos, em que estava dirigindo, para ficar extremamente quieta e presente. Sem rádio, sem distrações, apenas o som da seta e a visão do que estava acontecendo ao meu redor. Eu olhava as vitrines e ficava curiosa sobre os motoristas que passavam por mim. Eu poderia ter passado esse tempo me apressando e sendo impaciente, ou pensando em como a vida é frustrante e em como as coisas acontecem devagar. Mas, se minha mentalidade tivesse ido para esse caminho, eu levaria toda minha frustração para a reunião. Eu não podia correr esse risco. Por isso, optei por enganar meu cérebro pensando que havia muito pouco com o que me preocupar". No próximo engarrafamento, tente fazer o mesmo, o que você tem a perder?

EXERCÍCIO N° 4: RESERVE SETE MINUTOS PELA MANHÃ

É possível fazer mudanças reais em seus espaços emocionais e de espírito a partir desta prática curta e simples. Reserve entre cinco e sete minutos da sua manhã para ficar a sós. Pegue sua xícara de café e se esconda em seu lugar favorito, como em uma cadeira de leitura. Se as crianças, o cachorro, o cônjuge ou os companheiros de quarto forem muito barulhentos, utilize os primeiros 15 minutos após chegar ao trabalho. Por exemplo, eu sei que, se conseguir chegar ao meu escritório com meu café antes das 8h45 da manhã, terei 15 minutos para planejar meu dia e fazer meu exercício em paz antes das primeiras ligações começarem.

Caso seja necessário, seja criativo e faça o exercício durante o trajeto para o trabalho, mesmo que no trem ou metrô. Fale sobre essas ideias enquanto estiver dirigindo, use um aplicativo que transcreve áudio para captar seus pensamentos. Nada disso precisa estar no papel; você só precisa passar pelo processo de pensamento. Eu prefiro fazer um diário, mas saiba que não existe maneira errada de incluir isso no seu dia a dia.

Trata-se de construir algo para ajudá-lo a praticar uma nova maneira de pensar sobre seu dia, seus instintos e seus espaços emocionais. Use seu telefone ou um cronômetro para que você possa mergulhar totalmente na tarefa sem ficar preocupado com a hora.

- **Minuto 1: silêncio.** No primeiro minuto, fique quieto. Torne-se presente. Não olhe para o cronômetro. Isso permite que você se sente, feche os olhos e tenha um minuto inteiro de paz. Vai parecer um longo período, mas observe se consegue ficar confortável com o silêncio. Aumente esse tempo e vá treinando para chegar até a meditação. No entanto, por hoje, você só precisa de um minuto.
- **Minuto 2: momento para saborear.** Pergunte a si mesmo quais foram seus momentos favoritos nas últimas 24 horas. Ao trazer uma lente de aumento para as melhores partes do seu dia, a cada dia, você passa a desfrutar ainda mais delas (vai pensar: "ah, esse será meu melhor momento amanhã durante minha rotina de sete minutos, com certeza!").
- **Minuto 3: verificação dos espaços emocionais.** Agora que seu estado de espírito encontra-se calmo e elevado, pense no que vem consumindo seus espaços emocionais nesse momento. Que tipo de pensamentos ando tendo? Com o que venho me preocupando? Tire tudo do papel. Até mesmo coisas empolgantes podem consumir energia. Apenas perceba o que está consumindo sua energia no momento.
- **Minuto 4: crença fortalecedora.** Identifique as crenças fortalecedoras e as afirmações das quais você precisa se lembrar hoje. Por exemplo: se está preocupado devido a um problema com seu cônjuge, pode pensar que "Sou grato por essa pessoa e vou escolher agir por amor" é sua afirmação. Se espera por novas oportunidades, pode escolher "Eu sei que meu próximo grande trabalho está em algum lugar, quer seja este ou o próximo".
- **Minuto 5: visualize seu grande dia.** Pergunte a si mesmo o que vai fazer hoje para criar mais espaços emocionais. E o que tornaria o dia de hoje excelente? Não bom, mas excelente. Por exemplo, não apenas sobreviver a uma reunião, mas apontar soluções claras para um determinado problema. Ou não apenas jantar com seus filhos, mas sentir que vocês tiveram um tempo de qualidade juntos. Visualize como seria isso. Essa prática pode fazer a diferença entre ter um dia maravilhoso e continuar simplesmente empurrando a rotina com a barriga.

- **Minuto 6: ação.** Pense nas ações que você precisa tomar para tornar o dia excelente e sentir que está administrando seus espaços emocionais de maneira incrível. Faça algumas anotações sobre as tarefas que estão em sua mente e sobre as ideias que vêm à tona.
- **Minuto 7: recompensa para o cérebro.** Esse último passo é dedicado às recompensas para o cérebro. Faça uma pausa para folhear um livro, um blog de que você gosta, ou para ouvir uma música. Aposte em uma rápida massagem com um óleo essencial para ajudar a revitalizar seus sentidos. Faça algo agradável para a mente.

Algumas pessoas estendem esse momento por 15 ou vinte minutos. Mas tenha cuidado, quanto mais longo o exercício, menor a chance de você vivenciá-lo todos os dias. A mágica aqui consiste em criar um hábito com o objetivo de elevar seu estado de espírito e, consequentemente, ajudar você a ganhar percepção e clareza em relação aos seus espaços emocionais.

Capítulo seis

Retire o lixo

Aprenda a dizer "espero que dê certo para você" em vez de tentar mudar ou consertar pessoas.
— Maryam Hasnaa

Quando você não pode mudar ou perdoar alguém, reze por essa pessoa. Isso pode ou não a mudar, mas sempre mudará você.
— Anônimo

Após limpar o seu dia para, dessa forma, fazer um bom uso da sua energia, você terá um pouco mais de espaço para começar a pensar além das pequenas coisas. Por um tempo, isso será o suficiente. Mas, eventualmente, ficar empurrando as pedrinhas pela casa não vai ser o bastante, e você precisará lidar com aquela grande rocha na frente da janela. Nos próximos capítulos, vamos trabalhar nessas rochas, aquelas grandes preocupações que ocupam lugar em seus espaços emocionais.

Algumas dessas preocupações vão exigir muito mais atenção. Um chefe ruim, um casamento em crise, problemas em casa, bagagem do passado — tudo isso exigirá algum tipo de atitude, da qual falaremos no próximo capítulo, ou precisará ser abandonado.

Lembre-se de que o objetivo é ter sempre espaço livre suficiente para que possamos respirar. Tudo o que está em nosso gramado está amontoado entre nós e o estar presente. Então, se o problema é falta de espaço, livrar-se das coisas se torna uma importante prática. Porque, quando fazemos esse trabalho de limpeza e desapego, liberamos mais do que só espaço para respirar. Passamos a descobrir áreas que nem imaginávamos ser acessíveis. Sentimo-nos mais leves, mais livres e capazes de focar as oportunidades que temos diante de nós.

Vamos tirar isso do abstrato por um segundo e pensar apenas sobre como é bom ter uma casa limpa. A sensação vai além do senso de realização ou daquele cheiro de limão ou pinho fresco. Quase todas as pessoas com um casa limpa e organizada dirão: "Sinto-me muito mais leve!".

Marie Kondo atingiu recorde de vendas com o livro *A mágica da arrumação* ao pedir a seus leitores para, durante o processo de limpeza e organização, segurarem e examinarem cada item em suas mãos, mantendo apenas o que é útil ou traz alegria. Ela entendeu que, se não estivermos felizes com nossas vidas, nada mais importa. Qualquer coisa diferente disso é considerada desordem, e de nada adianta nos sentirmos amarrados a isso se buscamos uma casa limpa e arrumada que sirva a nós, e não que nos faça nos sentirmos presos a ela. Então, por que o desapego é tão revigorante? Porque não se trata apenas da bagunça que você limpou, mas da carga mental que você também liberou. É uma verdadeira purificação. Livrar-se das coisas não é um processo passivo, mas ativa e intencionalmente fazer as pazes com a situação para que você não esteja mais preso a ela.

Olhar para tudo o que consome os espaços emocionais e decidir libertar algumas coisas não é diferente de organizar. Essa é possivelmente a etapa mais gratificante desse processo, tanto quanto seria se livrar de uma tonelada de lixo entulhado em sua casa ou no gramado da frente. Claro, uma coisa é dizer a alguém como é ótimo "simplesmente se libertar", outra é realmente o fazer. Tudo bem. Esse é o seu espaço emocional e seu próprio processo. Você pode até optar por se agarrar a algo. Eu não vou desperdiçar este capítulo tentando convencê-lo a deixar para trás algo que você acha que não deve abandonar. Basta entender: independentemente do que você guarda, isso vai consumir seus espaços emocionais.

Na verdade, tudo aquilo a que você se apega traz consequências aos seus espaços emocionais. Reconhecer isso nos inspira a perguntar: "Do que posso me livrar?" Quando identificamos as coisas às quais não precisamos nos agarrar, podemos tomar as atitudes necessárias para removê-las ou, quando estivermos prontos, escolher libertá-las. Libertar e agir, no entanto, não são medidas mutuamente excludentes; na verdade, uma frequentemente leva à outra.

Ao chegar ao ponto em que está preparado para libertar, você sabe que é preciso mais do que apenas lançar o que atrapalha pela janela. É hora de arregaçar as mangas e começar a trabalhar. Temos algum lixo para separar.

SABER VIVENCIAR O MOMENTO

Quando você percebe que seu espaço emocional está completamente cheio, é tentador fazer uma grande mudança para ajudar a resolver o problema. Isso porque eliminar uma obrigação maçante ou uma preocupação intensa seria libertador (quem nunca ameaçou deixar o emprego após um dia terrível no trabalho?!). Mas quero ser clara sobre isso: quando estiver com baixo estado de espírito, vai parecer quase impossível libertar alguma coisa. Em vez de uma decisão capaz de fazer as pazes com um pensamento ou memória, o baixo estado de espírito nos deixa apáticos ou faz com que libertemos com despeito e um pouco de rancor.

Não fazer nada é uma arte: sentar-se com o que está sentindo, em vez de ir em busca de alguma resposta. Quando estamos com estado de espírito baixo em relação a algo e nos sentimos frustrados com nossas opções, não fazer absolutamente nada é a melhor escolha. Na verdade, eu encorajo as pessoas com quem trabalho a *saborearem* seus momentos negativos.

Uma de minhas clientes passou quatro anos em um trabalho que não gostava na tentativa de ocupar uma posição de liderança na organização.

Contudo, não foi selecionada para a vaga. No dia em que descobriu que não havia conseguido o emprego, em vez de se sentar e chorar devido a tudo o que havia investido na organização sem razão aparente, ela me ligou dentro de uma hora após receber a notícia.

Ela disse: "Preciso descobrir o que vou fazer a seguir. Você tem tempo para conversar hoje à noite?" Depois de conversarmos, eu a encorajei a sentir um pouco a tristeza em vez de descobrir quais seriam os próximos passos. Não havia necessidade de começar a planejar seu próximo movimento cinco minutos após receber a má notícia. Ela podia dar a si mesma permissão para, durante dois ou três dias, mergulhar naquela lacuna entre o que ela pensava que aconteceria e o que de fato ocorreu.

Preencher essa lacuna pode ser exaustivo, mas experimentar a decepção é parte de ser ambicioso e de perseguir objetivos. Ela jogou duro. Eu amo e admiro isso nela. Sua tendência era a de se levantar e seguir em frente, o que a torna resiliente. Ela não apenas espera as coisas acontecerem. Mas há também uma profunda sabedoria em ser capaz de dizer: "Eu trabalhei muito para alcançar algo melhor, e estou me sentindo frustrada porque não esperava que isso acontecesse". Como já vimos várias vezes ao longo desse processo, essa consciência, por si só, pode fazer muito bem. Uma vez que nos tornamos cientes, não temos que reformular a situação imediatamente ou empurrá-la para o lado e seguir adiante. Se eu só tivesse sido treinada em PNL, poderia considerar essa ideia. Entretanto, de acordo com os budistas, o sofrimento é parte da experiência humana, e eles praticam a meditação e a respiração através dela. Quando estamos focados em nossos espaços emocionais, a sabedoria demonstra que não há problema em sentir o impacto da decepção. É bom senti-la. E quando chega o momento de seguir em frente, podemos então trazer aos nossos dias pensamentos positivos para nos ajudar.

Muitas vezes, pensamos: "Bem, isso não deu certo. Provavelmente, a próxima coisa também não dará". Atribuir esse ideia a uma decepção parece nos deixar mais seguros. Isso nos absolve de nos colocarmos novamente em uma situação semelhante. Ficamos mais satisfeitos ao desenharmos uma moral diferente para a história. Mas, em vez de apressar o processo, procurando significados ou avançando para o próximo passo, celebre tudo como parte do jogo da vida. As emoções que experimentamos em todos os degraus da escada do estado de espírito são parte da experiência humana. Não há razão para sair deles às pressas e, certamente, não nos beneficiamos ao preenchê-los por muito tempo.

Em certas ocasiões, você ainda vai precisar abrir mão de coisas importantes — deixar o emprego ou o casamento — mas sugiro que você tome essa decisão conscientemente. O desapego só pode realmente acontecer a partir de um estado de espírito elevado. Comece sentindo o momento como ele é. Depois siga em frente com a atitude ou opte por se libertar daquilo quando estiver bem. Ao criar espaço e alcançar um estado de espírito mais elevado, você terá melhor controle sobre a gestão de seus espaços emocionais.

SABER ESCOLHER AS CRENÇAS FORTALECEDORAS

A sensação de estresse e de estar ocupado demais para ser feliz está relacionada aos nossos pensamentos e à nossa mentalidade. Isso significa o seguinte: são as histórias que contamos a nós mesmos, nossas crenças limitantes, que nos mantêm presos. Muitas vezes, não se trata de não poder se libertar de alguma coisa, mas a crença limitante nos impede de optar por isso.

Por exemplo, seu colega Jim pode ter envergonhado você em uma reunião. O que ele disse foi errado, doloroso, frustrante, e tudo isso bem na frente do seu chefe. Agora você está se perguntando o que as pessoas estão pensando, por que ele disse isso, e quais serão os impactos disso mais tarde.

Podemos ficar falando "deixe isso para lá" o dia todo, mas seria como dizer "O que quer que faça, não pense em um elefante". O que vai acontecer? Você não vai conseguir deixar de pensar em um elefante! O cérebro *não sabe* como não pensar em algo. Então, deixar para lá não significa "parar de pensar nisso". Isso é impossível. Em vez disso, é preciso aprender a desapegar transformando a história em nossas mentes em uma crença fortalecedora.

No exemplo com o Jim, você deve se agarrar a uma crença fortalecedora relacionada à reunião e à sua função. Você poderia dizer: "Tenho muito orgulho do que estou fazendo e vou me atentar ao fato de estar dando duro e desempenhando um ótimo trabalho. Vou me concentrar em meu chefe dizendo que está impressionado com o trabalho que venho entregando. Vou me atentar ao fato de que Jim não entendeu o contexto da história. Vou acreditar na minha capacidade de tomar grandes decisões sobre esse projeto".

Podemos criar crenças fortalecedoras sobre qualquer coisa, não apenas deixar para lá, e é por isso que elas encantam. Isso não é necessariamente fácil. É possível que fiquemos presos em pensamentos negativos, como "Jim me envergonhou. Sou tão estúpido por deixar isso acontecer...". Mas é por isso que estamos procurando especificamente por crenças *fortalecedoras*. Ainda que Jim estivesse cem por cento certo sobre o que disse, podemos criar uma crença fortalecedora sem mentir para nós mesmos sobre a situação. Encontre pontos positivos que sejam verdade e que você queira amplificar.

Deixar para lá não é preencher passivamente seus sentimentos sobre uma situação ou dizer a si mesmo uma mentira sobre a situação em que se encontra. É um processo ativo.

Se eu estivesse trabalhando com você individualmente e nós chegássemos a esse ponto da jornada, em que você se sente preso e hesitante para abandonar algo, eu pediria para você escolher apenas uma coisa. Você não vai fazer nada com isso ainda, apenas escolha algo em seu espaço emocional e o visualize sendo liberto. Olhe para além da superfície — do que você realmente imagina se libertando? Por exemplo, se sentir que precisa de permissão para, no futuro, fazer alguma coisa que seja diferente do que deseja fazer agora, talvez na verdade você esteja se libertando de seu ego, bem como da crença de que você precisa ser o melhor profissional em seu ramo de atuação.

Após descobrirmos o que você deixaria para lá, eu pediria para imaginar isso de forma realmente minuciosa. Quais medos ou emoções você está sentindo? O que é assustador sobre essa ideia? O que há de fortalecedor nisso?

Seja honesto consigo mesmo sobre o que realmente ocupa seus espaços emocionais e procure uma crença fortalecedora para isso. Depois, opte por nutri-la em vez de se agarrar ao medo e às crenças limitantes que teimam em manter as rochas firmemente presas no gramado.

Quando escolhemos uma crença fortalecedora (eu posso fazer isso, eu consigo fazer isso acontecer, eu consigo chegar ao outro lado), libertamos espaços emocionais por si só, e também nos capacitamos a dar os próximos passos para nos permitir deixar as coisas para lá, abrindo ainda mais espaço para respirar. Assim como a sensação promovida por uma casa agradável, limpa e organizada, sabemos que finalmente deixamos algo de lado quando começamos a nos sentir mais leves.

ACEITANDO A REALIDADE PLENAMENTE

Se você fosse esperar que um gato latisse, ficaria bastante surpreso caso isso não acontecesse. Se acreditasse que ele deveria latir e que *você* precisaria fazer isso acontecer, essa crença consumiria uma grande quantidade de espaços emocionais desnecessários. Nossas próprias expectativas são, às vezes, as maiores ladras de espaços emocionais. Costumamos estabelecer expectativas bastante específicas sobre pessoas e situações. No entanto, pode ser que tais expectativas não sejam correspondidas. Byron Katie gosta de chamar isso de a diferença entre "discutir com a realidade" e "amar a realidade".

Em vez disso, temos que aprender a olhar para o gato sem expectativas. Qualquer que seja o som que saia da sua boca, ele deve ser bom para nós. Não precisamos gastar espaços emocionais ficando horrorizados pelo motivo de o gato não latir, pois sabemos que não precisamos convencê-lo a fazer isso.

Aprender a "amar a realidade" e a deixar as expectativas trapaceiras de lado pode mudar tudo. Nós não temos que ficar frustrados quando nossos parceiros, filhos ou colegas fazem algo diferente do que esperávamos. Eles estão vivenciando sua própria jornada e vão fazer o que tiverem que fazer de qualquer forma. Ao perceber que não é obrigação deles pensar como você, e não é seu trabalho fazer com que eles tenham ideias iguais às suas, será possível liberar uma série de espaços emocionais.

Isso não quer dizer que não haverá boas razões para tentar influenciar pessoas ao longo de nossas vidas. Porém, vale a pena estar atento sobre quanto espaços emocionais estamos utilizando nesse processo. Se todos estiverem sentados em torno de uma mesa discutindo ideias políticas e ninguém se mostrar aberto a ser persuadido, qual é o sentido de argumentar e usar diversos espaços emocionais? Ao aceitar que aquelas pessoas possuem perspectivas diferentes, podemos compartilhar nossos pontos de vista e reconhecer os delas com a consciência de que não é preciso investir nossos espaços emocionais na discussão ou no desejo de mudar a opinião do outro.

O que quer que esteja acontecendo neste exato momento, trata-se de sua própria experiência. Discutir com a realidade cria enormes quantidades de estresse, ansiedade e angústia. Algumas vezes, abandonar essas expectativas é o truque necessário para você conseguir liberar alguns espaços emocionais. Há ainda ocasiões, como aprendemos no capítulo anterior, em que você terá que permitir a si mesmo dar um tempo antes de levar o lixo para fora.

Seja qual for o caso, você fará a escolha mais sábia se conseguir ver e amar claramente o mundo como ele é. Isso não significa achar o máximo que o cara do escritório continue roubando seu iogurte ou amar o cachorro do vizinho latindo durante seu sono mais aconchegante. Você não tem que fazer da realidade uma mentira. Nós nem sempre temos controle sobre nossas circunstâncias, mas sempre podemos escolher a maneira como vivenciamos as situações. Quando amamos a realidade, libertamos nossos espaços emocionais e eliminamos nossa necessidade de reclamar das pessoas, lugares e situações.

DEIXANDO O EGO PARA LÁ

Deixar para lá não significa que você deve concordar ou abençoar o mau comportamento da outra pessoa, mas que você pode parar de discutir com ela em sua mente a fim de preservar seus espaços emocionais. Com muita frequência, ficamos amarrados a um conflito querendo provar que alguém está errado. Sabemos que aquilo não está servindo de nada, mas não queremos concordar e, assim, a batalha continua. Deixe isso de lado. Leve isso para fora com o resto do lixo que tem colocado você para baixo.

Os cabalistas veem esses tipos de discussões e conflitos como centrados no ego. Lembre-se de que a crença é a de que a cada momento estamos conectados à luz, a um elevado nível de poder, ou ao ego. A luz é o desejo de receber para poder compartilhar, enquanto o ego é o desejo de receber em benefício próprio. O objetivo é sempre se alinhar a algo maior, embora a visão cabalista da experiência humana seja a de que estamos sempre travando essa batalha em nossas mentes.

Embora o fato de se agarrar a conflitos possa parecer uma autoproteção, como se estivéssemos segurando terreno para nós mesmos, pergunte-se a si mesmo que parte disso é o ego falando (lembrete: o ego fala para ajudar *você* a conseguir algo que *você* almeja).

Essa conscientização é libertadora, porque não temos que levar esses pensamentos ego-dominantes tão a sério. Torna-se mais fácil identificar isso quando estamos presos a algo pelas razões erradas, o que facilita o desprendimento. Quando nos libertamos dessas lutas constantes, estamos libertando tanto a nós mesmos quanto a outra pessoa.

A CURVA DE SINO DA APROVAÇÃO

As relações interpessoais podem ocupar muito de nossos espaços emocionais, e nossas crenças e expectativas relacionadas a elas são uma grande razão para isso. As habilidades que estamos aprendendo a fim de deixar as coisas para lá, criar crenças fortalecedoras e aceitar a realidade de nossa situação são importantes para as relações, e elas culminam na curva de sino da aprovação.

Eis o que observei após anos de trabalho com grandes grupos: cerca de vinte por cento das pessoas em qualquer grupo vão aprovar você, não importa o que faça ou como se apresente. Aproximadamente sessenta por cento estarão provavelmente abertas ao que você tem a dizer e vão julgá-lo como "aceitável" ou "muito bom", mas haverá críticas. Os vinte por cento restantes simplesmente nunca aprovarão o que você fizer — eles simplesmente não o entendem. Essa é a curva de sino da aprovação.

Descobrir que alguém não aprova algo que fizemos ativa nosso ego. Chegamos a várias conclusões, porque o ego se envolve e quer assumir o controle. A curva de sino da aprovação se distancia 25 km para obter uma visão geral, que é a seguinte: não importa o quão fabuloso você seja, nunca vai atingir uma taxa de aprovação de cem por cento. Tão clara e confiável quanto a gravidade, a curva de sino da aprovação nos garante que ninguém vai ter completa aceitação e aprovação de todos o tempo todo.

No entanto, em algum lugar do nosso DNA, fomos ensinados a buscar a aprovação de todos. Infelizmente, na tentativa de alcançar a perfeição e de agradar a todas as pessoas, nós invariavelmente nos tornamos inautênticos, o que, mais uma vez, consome nossos espaços emocionais. Então, se neste momento estamos usando os espaços emocionais tentando obter aprovação e caindo na inautenticidade, depois utilizaremos mais espaços emocionais com as pessoas que aborrecemos agora, pois estavam satisfeitas conosco anteriormente! É um dilema cíclico, e, quando estamos presos a ele, é exaustivo.

Vejo com muita frequência profissionais ambiciosos e de alto potencial usando seus espaços emocionais exageradamente com medo de serem julgados por alguém que já é um crítico severo. Em uma das minhas maiores classes, havia em treinamento algo em torno de 25 executivos na sala e uma facilitadora. Na metade da aula, chegamos a um exercício em que eu colocava as pessoas em pares e pedia que compartilhassem informações sobre seus valores pessoais.

Percebi que uma mulher ficou visivelmente chateada. Eu a vi revirando os olhos, suspirando e ficando cada vez mais nervosa enquanto discutíamos o exercício, até que ela finalmente se levantou e saiu.

Após deixar todos envolvidos com o exercício, a encontrei no corredor e perguntei: "Ei, gostaria de saber se há algo que eu tenha feito que a ofendeu".

Ela respondeu: "Honestamente, não é nada pessoal. Mas esse tipo de exercício realmente me frustra. Sou uma pessoa analítica e teria preferido fazer meu dever de casa com antecedência. Não me sinto à vontade para falar sobre mim com meus colegas dessa forma".

Muito justo. Eu disse que ela poderia me ligar caso eu pudesse fazer algo para prestar um melhor serviço. Mas, como aquela era a estrutura do curso, eu entenderia perfeitamente se ela optasse por sair.

Voltei para a sala e ministrei o restante do curso sem nenhum problema. Depois disso, a facilitadora que eu estava treinando me disse que a maneira como lidei tão bem com a mulher que havia saído da sala tinha sido inacreditável. Ela comentou que eu sequer parecia abalada.

Você que está comigo desde o início da minha história sabe que a minha velha versão certamente teria ficado abalada. Eu teria largado tudo, todas as pessoas que estavam completamente felizes na sala, e teria ficado angustiada devido a uma única pessoa que estava infeliz. Mas ela fazia parte dos vinte por cento que estavam no inferior da minha curva de sino da aprovação. Eu sei agora que não havia nada que eu pudesse fazer para evitar isso. Eu não podia mudar meu estilo para fazê-la feliz. Se eu tomasse essa atitude, apenas deixaria mais alguém frustrado. Eu destruiria minha confiança e arruinaria minha própria autenticidade.

Frequentemente recebo clientes de coaching frustrados afirmando que alguém está constantemente criticando suas habilidades de apresentação, e posso vê-los usando quantidades excessivas de energia ao buscar uma aprovação incerta usando, para isso, seus espaços emocionais, o que resulta em menos energia para todo o resto. Mas no momento em que reconhecemos e aceitamos o fato de que algumas pessoas não vão mudar, e que certas pessoas pensam diferente, nossa carga fica mais leve.

Por outro lado, não significa que as críticas de uma pessoa não têm valor só porque ela está entre os vinte por cento da parte inferior da curva de sino. Em vez de se prender à decepção, analise a parte útil do feedback oferecido e jogue fora o resto.

Além disso, nós *podemos* aprender muito com os vinte por cento das pessoas que não nos aprovam. Eu estava trabalhando com uma cliente que, após muitas sessões nas quais esteve focada na obtenção da aprovação do seu chefe, finalmente concordou que nunca ouviria ele dizer: "Você é a melhor pessoa com quem já trabalhei. Você é realmente incrível, Jane". Quando finalmente aceitou que tudo estaria bem mesmo sem ouvir isso, ela disse que se sentia mais leve porque a luta para conseguir essa aprovação havia chegado ao fim. Ela também sentiu que ficou mais fácil levar em conta algumas considerações por ele levantadas a fim de fazê-la melhorar. Quando nos desconectamos do que não importa e focamos o que é valioso, nos sentimos melhor.

Muitos executivos poderosos que conheço lutam para obter aprovação dos vinte por cento que se encontram na base da curva de sino e, dessa forma, tendem a agir de uma maneira completamente diferente do que realmente são. Eles vão para casa estressados à noite porque passaram o dia se esforçando exageradamente para deixar aquelas pessoas felizes. Depois, acordam no dia seguinte estressados e se perguntando se aquelas pessoas vão aprovar sua próxima apresentação ou projeto. Focar aqui atrapalha nossa capacidade de acessar boas informações. Toda essa energia é perdida na tentativa de resolver um problema que não tem solução.

Coloque o foco nas relações que alimentam nossos espaços emocionais, aqueles vinte por cento localizados no topo da curva. Com eles, nós nos sentimos apoiados, capacitados e amados. Ao olhar para sua curva de sino da aprovação, fica claro que é impossível deixar todos felizes. Você simplesmente não consegue. E é incrível quando você para de tentar.

Quando a insatisfação de uma pessoa está o deixando louco, ou você está tendo dificuldade para sentir autoconfiança em uma situação em que se sente julgado por muitas pessoas, lembre-se da curva de sino da aprovação. Quanto mais você a utiliza, mais fácil se torna lidar com essas situações.

"QUERO SER SEU MOTORISTA DE ÔNIBUS"

Na época em que estava lançando meu negócio, muitos críticos faziam parte dos vinte por cento localizados na parte inferior da minha curva de sino da aprovação. Não é que eles não me aprovassem, eles só não conseguiam entender como eu esperava ser bemsucedida sem uma ideia milionária ou mais experiência, e, ainda por cima, a economia estava em seu pior momento. Então, me apoiei fortemente em um amigo de confiança e mentor, que estava na extremidade oposta da curva. Ele continuava me tranquilizando: "Eu conheço você, sei como é inteligente e o quanto é apaixonada por ajudar as pessoas. Concentre-se nisso e não tem como não ser bem-sucedida. Se pudesse ver o que eu vejo, saberia que não há possibilidades de você fracassar. Apenas permaneça focada".

Ele tinha tanta certeza de que eu seria um sucesso absoluto que costumava brincar que meu futuro seria tão brilhante que me convidariam a fazer um tour de ônibus pela América do Norte para compartilhar os segredos de meu êxito. Ele comentava: "Só tenho esperança de que um dia, quando for referência, me deixe ser seu motorista de ônibus". E, com isso, o apelidei de "o motorista de ônibus".

Eu não tinha muitas crenças fortalecedoras, mas meu futuro motorista de ônibus era insistente: o sucesso era inevitável se eu simplesmente permanecesse focada. Ele era inflexível em não me deixar gastar espaços emocionais reclamando sobre economia ou perseguindo ofertas de trabalho para tentar "salvar-me de tentar iniciar um negócio". Ele insistiu que eu canalizasse todos meus espaços emocionais na realização do meu sonho. Eu poderia ter sucesso, mas não teria espaços emocionais o suficiente se os consumisse correndo atrás de trabalhos que não me levariam a lugar algum.

Meu amigo estava tão convencido que comecei a acreditar nele. Ele me assegurava de que sabia tudo sobre as pessoas de sucesso, e eu me sentia menos estressada e temerosa ao enxergar as coisas a partir da perspectiva dele. Em algum momento de nossas vidas, precisamos nos apoiar nesses vinte por cento do topo, os motoristas de ônibus que só querem nos ver vencer. Se você não conseguir encontrar sua própria crença fortalecedora, pergunte ao seu motorista de ônibus.

SEJA SEU PRÓPRIO MOTORISTA DE ÔNIBUS

É mais fácil fazer as pazes com alguns críticos do que com outros. Existem situações em nosso passado, e algumas em nosso presente, que não conseguimos resolver com a outra pessoa. Podem existir várias razões para isso e, muitas vezes, nossa resposta é simplesmente nos agarrar a elas. Se você conseguir se livrar desses impasses — se afastar dos conflitos não resolvidos e das tensões do dia a dia — e focar o panorama geral, essa bagagem pode finalmente ser removida de seus espaços emocionais para sempre.

Antes da minha separação, depositei toda a minha energia para que o Natal fosse um momento perfeito para a filha de dez anos do meu namorado. Embrulhei presentes a noite toda e havia convidado os pais dele para o jantar. Eu me esforcei muito para fazer com que tudo fosse perfeito. Então, na manhã de Natal, algo estúpido aconteceu e, antes que eu percebesse, ele havia perdido a paciência e estava gritando comigo. Nada de "obrigado" por meu esforço, apenas uma crítica incisiva sobre um pequeno descuido. Aquilo me deixou furiosa.

Lembro-me de sair correndo para a loja, sozinha, dirigindo meu carro muito zangada, magoada e chorando. Tentei deixar para lá, mas eu estava tão chateada que não conseguia me livrar daquele sentimento. Contudo, era Natal e eu não queria arruinar a data por estar com baixo estado de espírito. Então, naquele momento, lembro de ter pensado: "O que meu ego precisa ouvir? O que eu queria ter ouvido do meu namorado nesta manhã?"

Então, sozinha em meu carro, comecei a falar em voz alta as palavras que esperava que ele tivesse dito. Eu o imaginei declarando o quanto me apreciava. Em meus pensamentos, fiz com que me agradecesse por dirigir até três diferentes lojas a fim de comprar os presentes certos e para ter certeza de que tínhamos papel de presente. Em pouco tempo, estava dizendo as palavras que eu precisava ouvir, em voz alta, para mim mesma no carro. "Christine, estou muito grato por você ter colocado toda essa energia no Natal. Estou muito impressionado com a forma como tornou esse dia especial não só para mim e para minha filha, mas também para meus pais. Obrigado."

Esse foi um momento emocionante para mim. Notei que não havia ouvido aquilo dele e, enquanto esperava ouvir, estava extremamente chateada. Ele nunca diria essas palavras. Então, tive que me reafirmar e me dar o que eu precisava naquele momento. Eu precisei me tornar meu próprio motorista de ônibus. Soa familiar?

Menos de um mês depois, tomei a ousada decisão de colocar fim no namoro. Percebi que, embora enxergasse bons motivos para ficar naquela relação, estava consumindo muitos espaços emocionais, todos os dias, na tentativa de obter a aprovação de outra pessoa. Embora soubesse que não conseguiria aquela aprovação, de alguma forma, poderia viver sem ela. Felizmente, acabei percebendo que esse relacionamento havia gerado *deficit* em vez de retorno. E, ironicamente, dentro de uma semana após ter tomado essa decisão, embora ainda estivesse muito triste, comecei a sentir que, finalmente, existiam mais espaços emocionais livres para mim, porque nada estava sendo cobrado. Eu tinha mais paz. Lembro de ter saído sozinha em uma sexta-feira à noite e curtido um filme e uma taça de vinho enquanto pensava: "Ei, você é uma companhia muito divertida, onde esteve até agora?!"

Constantemente, consumimos nossos espaços emocionais com aqueles que nos criticam, remoendo o que dizem e nos prendendo à dor. Pode ser muito difícil nos libertar deles. Mas, se puder reverter a situação e dar a si mesmo a afirmação de que precisa para se sentir amado e valorizado, é possível mudar a energia dessas feridas e como você se aproxima mentalmente delas.

Suas necessidades subconscientes são provavelmente diferentes das minhas. Eu precisava de reconhecimento. Talvez, você precise ouvir que é a pessoa mais inteligente ou a mais amorosa. Quando os outros não nos passam essas mensagens e ficamos frustrados por causa disso, começamos a consumir nossos espaços emocionais.

A questão então se torna: o que eu deveria dizer a mim mesmo mais vezes em vez de esperar que outra pessoa o diga? Será que eu acredito nisso sem precisar da validação de outra pessoa?

LISTA DE COISAS PARA "DEIXAR DE LADO"

É preciso um enorme esforço mental para nos libertar de mágoas e decepções, principalmente quando o problema não é encerrado de forma adequada ou não há um pedido de desculpas. Você pode praticar para facilitar esse processo: escreva as coisas que efetivamente deixou para lá sem esse pedido de desculpas ou encerramento.

Minha lista de coisas para "deixar de lado" inclui erros que foram cometidos no hospital quando dei à luz minha filha, assim como o assédio sexual que sofri no local de trabalho, sendo que o cara não foi demitido depois disso. Ela também inclui conflitos menores, como quando tentamos cortar uma árvore em nosso quintal e isso se transformou em uma disputa gigantesca com nosso vizinho. Teria sido fácil continuar a insistir em minha crença de que meu vizinho estava errado e nos devia um pedido de desculpas. Porém, reservar lugar para o rancor não parecia ser uma boa forma de usar meus espaços emocionais. Decidi continuar a construir um bom relacionamento com meu vizinho, independentemente do quanto discordasse dele. Agora não existem problemas em nosso relacionamento.

Às vezes, as pessoas receiam se libertar das coisas porque têm medo de que isso signifique que estão apoiando ideias ruins ou maus comportamentos. No entanto, é possível identificar erros e, ainda assim, deixar para lá. Você pode não achar correto que o vizinho peça o cortador de grama emprestado e esqueça de devolvê-lo, mas se esse comportamento ocupa muito do seu espaço emocional, dá para escolher não alimentar esse rancor.

Se você reconhecer os momentos em que optou por deixar o problema de lado, seja ele grande ou pequeno, e perceber o benefício proveniente dessa escolha, será encorajado a fazer o mesmo no futuro. Ao olhar para sua lista de coisas para deixar de lado, vai reparar que a maioria das coisas com as quais já esteve realmente preocupado não importam mais. Ler sua lista também dá a você uma sensação de realização, assim como o encoraja a tentar novamente.

EXERCÍCIO Nº 5: 15 MANEIRAS DE DEIXAR PARA LÁ

Agora que estamos cientes dos pensamentos negativos que bombardeiam sua mente, é hora de libertá-los. Ainda assim, o conceito de deixar para lá pode parecer vago. Veja 15 maneiras práticas de abandonar algo quando você está convencido de que não consegue fazer isso. Para este exercício, basta escolher um item com o qual vem lutando e aplicar uma ou mais dessas estratégias. Escreva o pensamento negativo e explique por que é hora de o deixar de lado, fazendo referência a qualquer um dos conceitos abaixo.

1. Com o estado de espírito elevado, decida que é hora de perdoar alguém, seja você mesmo ou outra pessoa. Ao fazer isso, é possível liberar espaços emocionais.
2. Observe se você possui expectativas ou acordos em relação a uma pessoa ou situação.
3. Leve em consideração que perdoar não é aceitar ou concordar com o que alguém fez. Isso significa que está disposto a se libertar e a parar de usar espaços emocionais para remoer aquilo que fizeram de errado.
4. Coloque-se no lugar de alguém que você costuma julgar.
5. Deixe o universo trabalhar, escolha algo que o incomoda e tome a decisão consciente de deixar que algo maior resolva o problema (Universo, Deus, Espírito, Alá, Buda, líderes alienígenas do espaço sideral).
6. Dê a si mesmo permissão para não entender por que aquilo aconteceu. Perceba o que isso pode fazer por seus espaços emocionais.
7. Encontre situações em que esteja julgando demais. Tente imaginar quais perguntas uma mente curiosa poderia fazer sobre esta situação.
8. Liste cinco razões pelas quais esse resultado está de acordo com a atual realidade e pelas quais essa experiência traz benefícios.
9. Embora algo tenha o aborrecido hoje, liste cinco pensamentos negativos atuais que você acredita ser possível, um dia, esquecer ou deixar para lá.

10. Olhe para a situação de fora; finja que não conhece toda a história. Quais partes do enredo pode ter perdido? Finja que acabou de ficar sabendo de algo novo. Como seria se faltassem algumas peças?

11. Tenha em mente o fato de que cada pessoa tenta fazer o seu melhor, dentro do possível, ainda que esse esforço não corresponda com o que você entende ser esse melhor.

12. Escolha uma crença fortalecedora para repetir para si mesmo agora mesmo. Encontre uma que levante seu estado de espírito.

13. Observe onde seu ego está ferido. Lembre-se de que ele não precisa estar certo nem ter voz em todos os momentos.

14. Seja grato por toda a sua experiência de vida, da alegria à dor. Meu avô uma vez me disse: "Você é apenas um espírito tendo uma experiência humana".

15. Comprometa-se a amar plenamente o presente, trazendo toda a sua atenção para este exato momento, que é onde você tem o controle. Observe o que cada um de seus cinco sentidos está experimentando. Foque o aqui e agora.

Capítulo sete

Paisagismo

Ao pensar na vida, lembre-se disto: não há arrependimento o suficiente que possa resolver o passado nem ansiedade o suficiente que possa mudar o futuro.

— Anônimo

Nem tudo é tão fácil quanto deixar as coisas de lado ou reorganizar seu dia. Conflitos não verbalizados, desacompanhados e ignorados não desaparecem. Eles só crescem e continuam a consumir nossos espaços emocionais até que tomemos a atitude de removê-los intencionalmente. Especialmente com questões interpessoais, se essa tensão estiver mudando sua maneira de trabalhar e de interagir com alguém e você a deixa para lá, vai perder a oportunidade de ganhar clareza. Às vezes, é importante agir em relação a algo que esteja ocupando espaços emocionais a fim de deixar de lado o resto dos pensamentos sobre o assunto.

Recentemente, eu estava em uma reunião com uma colega e a percebi ríspida comigo. Saí dali sentindo que não estávamos bem uma com a outra. Naquela noite, durante o jantar, aquilo não saía da minha cabeça. Tarde da noite, quando estava indo para a cama, aquilo ainda estava lá. Eu sabia que seria necessário agir a fim de liberar espaço. No dia seguinte, enviei uma mensagem solicitando um rápido telefonema. Secretamente, eu estava muito nervosa. Durante a ligação, disse: "Quando trabalhamos juntas no passado, tudo correu muito bem. Por alguma razão, estou sentindo que as coisas não estão tão boas como antes. Algo saiu dos trilhos. O que você acha?"

Essa breve introdução abriu a porta para uma conversa significativa. Ela não tinha percebido que eu me sentia assim, mas também foi franca sobre como enxergava os desafios que estávamos enfrentando. Assim que nos colocamos na mesma página, pudemos compartilhar o quanto amávamos trabalhar uma com a outra, e ela ficou feliz por eu ter ligado para resolver o problema. Quando desliguei o telefone, me senti mais leve. Sem aquela conversa, ficaríamos naquele impasse indefinidamente. Lembre-se: às vezes é melhor agir, pois isso é bom para nossos próprios espaços emocionais.

Sejamos claros também: não é possível se ver livre de todos os pensamentos. Algumas coisas precisam ocupar espaço. O cuidado parental requer espaços emocionais para criar e manter as crianças saudáveis. Familiares doentes, carreira e relacionamentos exigem compromisso e cuidados contínuos. Questões relacionadas a dinheiro tendem a consumir muito espaço. O dia a dia também. Se não for cuidadosamente administrado, cada parte de nosso espaço emocional será utilizada por alguém ou alguma coisa. Como os espaços emocionais são finitos, é necessário identificar o que precisa ficar e o que pode sair da lista por enquanto; deixe-os de lado e ganhe algum espaço para cuidar de si mesmo da maneira que precisa.

Tenha em mente que o estresse se instala quando você *percebe* que a carga de energia necessária para fazer tudo acontecer é maior em relação à carga de energia que tem disponível. O paradigma dos espaços emocionais nos ajuda a saber exatamente o que temos disponível, o que pode ser eliminado e como podemos ajustar nosso mindset e nossas vidas a fim de criar mais espaço. É hora de reorganizar seus espaços emocionais e estar preparado para lidar com surpresas, mudanças e batalhas do dia a dia. É aqui que começamos o paisagismo, deixando seus espaços emocionais mais parecidos com o que almejamos em longo prazo.

O mais bonito no paisagismo do seu espaço emocional, é tomar atitudes, é *você* quem toma as decisões. Veja algumas ideias importantes a serem levadas em consideração:

- você vai fazer escolhas conscientes. Às vezes é necessário agir, às vezes deixar para lá. Há ocasiões em que tomar uma pequena atitude é indispensável para deixar o resto do problema de lado. Esses dois conceitos trabalham juntos para o ajudar a liberar espaço.
- apenas o fato de existir um plano de ação ajuda a liberar espaços emocionais. Por exemplo, ao estar preocupado com a situação do seu filho que vem tendo problemas com um professor, você pode decidir entrar em contato e marcar uma reunião com o docente para entender a perspectiva dele. Então, por ora, é possível parar de se preocupar e voltar a estar presente.
- procure agir onde você tem influência. Como não dá para mudar tudo o que nos tira do eixo, a melhor forma de usar os espaços emocionais é focar aquilo que você pode influenciar. Se não é possível mudar o professor, considere como pode influenciar seu filho a lidar com a situação ou como abordar essa questão junto à escola. Se estiver acordado à noite preocupado, comece a fazer o brainstorming de tudo o que consegue influenciar.
- a procrastinação ocupa muito espaço emocional. Muito! Na maioria da vezes, mais do que tomar decisões. Se está em dúvida se deve ir ou não àquela aula de ioga hoje à noite e sabe que, caso opte por não ir, vai gastar duas horas se punindo por isso, considere pegar o tapete de ioga e sair pela porta antes de sua mente ter tempo para se opor.

PERDER DE UM MANEIRA DIFERENTE

Pense no encanamento do seu chuveiro. Se dele sai água fria todos os dias, mas o seu desejo é água quente, é necessário mudar o sistema atual. Após fazer a mudança, você abre o registro para avaliar se o resultado será diferente. Essa é uma maneira poderosa de resolver uma série de problemas realmente importantes: mapeie o sistema atual, encontre as falhas e, depois, mapeie o novo sistema. Com um novo mapa, quais serão seus passos com foco na mudança? Assim que transformar isso em uma experiência, é possível relaxar um pouco; não precisa se preocupar com a obtenção do resultado certo. Apenas observe o que acontece quando você muda alguma coisa.

Aprendi isso com um cara que, sentado ao meu lado em um voo, perguntou-me o que fazia. Eu disse a ele que era consultora de gerenciamento, e ele ficou interessado. Eu disse: "O desafio é: mesmo que você aprimore o negócio, se a liderança não vê nada de forma diferente, o empreendimento volta a funcionar exatamente da mesma maneira depois que você sair. Esse é o obstáculo do meu trabalho".

Ele disse: "Isso é engraçado, porque sou psicólogo infantil e tenho exatamente o mesmo problema. Eu posso ajudar uma criança a ver o mundo de maneira diferente, mas, se os pais não mudarem, a criança vai se deparar com os mesmos problemas repetidamente". Ele contou que a frase favorita de seu pai era: "Tente perder de uma maneira diferente".

Fiquei tão inspirada por essa ideia que decidi implementá-la em minha equipe. "Estamos nos esforçando ao máximo, mas continuamos batendo a cara no muro. Nossa nova missão é: *tentar perder de maneira diferente*. O que quer que façamos, vamos fazer de forma diferente para obter um resultado diferente." O espírito da experimentação nos encoraja a pensar de maneira distinta sobre questões recorrentes. Ele muda nossa perspectiva de crítico ou frustrado para curioso. Como sabemos que o estado de espírito afeta a forma como usamos nossos espaços emocionais quando lutamos contra algo, isso tem um impacto enorme em como podemos fazer a mudança.

QUEBRE O SISTEMA PERFEITO

Se já se encontrou frente a uma situação irritante que se repete inúmeras vezes, enfrentando burnout após burnout, parabéns! Você criou um sistema repetível. Você é um excelente engenheiro que entende o seguinte: a crença impulsiona a ação, que impulsiona a crença, que impulsiona uma nova ação e que, em última análise, obtém um resultado. E, então, todo o sistema se repete novamente.

Em alguns casos, é isto o que queremos: resultados previsíveis. Mas, em outros casos, não é. Quando continuamos a receber resultados insatisfatórios, normalmente nos sentimos incapazes de mudá-los. Você pode se pegar dizendo "Eu não sei por que, mas sempre tenho chefes ruins..." ou namorando os parceiros errados, ou fazendo amigos errados, ou o que quer que seja. Isso é aceitável. Perceba o benefício de fazer algo repetível e reconheça que já foi capaz de fazer isso acontecer.

Quando uma de minhas clientes de coaching queria um novo emprego, perguntei a ela por que estava frustrada em seu trabalho. Ela disse: "Essa é a terceira ou quarta vez que isso acontece. Eu sempre tenho chefes narcisistas, egoístas e machistas. Continuo trabalhando para um mesmo cara em corpos diferentes. Empresa diferente, chefe diferente, mesma situação. Eu nem confio mais em mim quando vou a uma entrevista para outro emprego. Não sei como evitar que isso aconteça novamente".

Tudo bem! Ótimo. Aplaudi sua realização, pois ela havia criado o sistema perfeito para ir trabalhar junto a um chefe narcisista. Legal! (Ela começou a rir desse assunto pela primeira vez). Eu disse: "Então, pode me ensinar como trabalhar para um chefe narcisista? Ajude-me a entender os passos".

Ela explicou que a primeira coisa a se fazer é estar trabalhando atualmente para um chefe narcisista e estar extremamente ansiosa para sair. "Existe uma urgência incrível em partir porque está realmente irritada. Você passa a demonstrar a todos o quanto está ansiosa por uma mudança. Depois, conversa com diversas pessoas que talvez tenham ou saibam de vagas de empregos disponíveis."

Após ficar quieta por um instante, continuou: "Aceite a primeira oferta de emprego que receber depois que seu possível futuro chefe vender a você a ideia de que sua experiência será revolucionária para o departamento dele".

Os passos eram claros. Deixe o emprego atual, dê a eles o dedo do meio, e então vá trabalhar para outra pessoa que não apenas vende a ideia de quão fantástica você é, como jura que será o melhor chefe do planeta.

Eu disse a ela: "Ajude-me a entender. Parece que alimentar seu ego enquanto eles tentam lhe atrair a ajuda a tomar uma decisão realmente rápida sem o devido zelo que a ocasião merece".

"É exatamente isso o que faço. Assim que me dizem o quão maravilhosa e útil eu seria naquela posição, entro na onda acreditando que aquela seria a melhor coisa que já me aconteceu. Com o passar dos meses, descubro que, mais uma vez, comecei a trabalhar para alguém narcisista e egoísta. Normalmente fico naquela função por 16 ou 18 meses acreditando que, se eu trabalhar duro o suficiente, sacrificando minha vida pessoal e minha saúde, posso, de alguma forma, impressionar o chefe para que ele diga novamente as coisas legais que ouvi na entrevista. Quando percebo que ele só vai se aproveitar de mim, me sugando ao extremo e sem dar o devido valor ao meu trabalho, finalmente fico farta e desesperada para sair."

Uma vez que vimos o sistema em ação, pudemos observar exatamente o que estava acontecendo. Quando presa a um baixo estado de espírito, ela tomava a decisão de sair rapidamente e irritada. A partir daí, pulava para a próxima posição, mas essa não era a melhor decisão.

Começamos a pensar em como quebrar esse sistema perfeito. Se pegássemos apenas uma peça dele e pudéssemos trocá-la por algo diferente, o que mudaríamos? Minha cliente poderia tentar encontrar mais ofertas de trabalho em vez de aceitar a primeira delas? Poderia ter mais clareza sobre o que era importante para ela? Antes de aceitar qualquer oferta, poderia conversar com pessoas que trabalham com esse possível futuro chefe? Ela poderia fazer o esforço de trabalhar para pessoas que têm uma ótima reputação como chefe em vez de apenas trabalhar para qualquer um? Poderia reduzir a urgência que sentia em sair do trabalho anterior e estar mais atenta antes de aceitar uma nova proposta?

A boa notícia é que sim! Hoje ela trabalha há mais de três anos para alguém que admira profundamente, e não tem vontade de partir. Mas a melhor parte dessa história não é apenas o fato de ela se sentir feliz em contar que está em um trabalho melhor e que tomou medidas para perder peso. O mais importante é que ela finalmente tem a sensação de estar usando seus espaços emocionais para coisas mais importantes em sua vida.

O SISTEMA SUBCONSCIENTE PERFEITO

Mapear seu sistema pode ser uma boa opção. No entanto, é bom saber que, às vezes, um coach ou terapeuta pode ser útil, caso sinta que há algo difícil de identificar em seu sistema perfeito. Por exemplo, uma executiva com quem trabalhei, que tinha por volta dos seus cinquenta anos de idade, se sentia incrivelmente ansiosa toda vez que grandes mudanças eram propostas em sua empresa. O peito ficava apertado, ficava sem ar, e isso sem saber o porquê. Essa executiva ficava apavorada ao ser convidada para liderar uma mudança sem receber nenhuma instrução, e acabava sempre pressionando sua equipe a optar por aquilo que parecia seguro.

Durante uma profunda sessão de coaching, descobri que, quando criança, a hoje executiva havia sido enviada para um colégio interno, mudança que foi devastadora para ela. Apesar de implorar para ir para casa por meses, não existia escolha senão ficar e aceitar a situação. Ainda que a experiência tenha terminado poucos anos depois, ela ainda carregava a cicatriz da experiência. Quando nos demos conta disso, conseguimos identificar o sentimento de ansiedade que ela havia mapeado para a experiência de mudança. Foi também possível ajudá-la a aumentar a consciência que poderia ser usada quando fosse necessário mudar algo.

Ela aprendeu que, embora a experiência vivida durante a infância tivesse feito com que ela se sentisse sendo atacada por um tigre, as mudanças que estavam acontecendo no presente, mais de quarenta anos depois, eram mais como receber um gatinho. Essas duas experiências eram muito diferentes, apesar de compartilharem semelhanças. A mente dela mapeava aspectos dessas situações e as unia, então ela experimentava ambas as mudanças como o ataque de um tigre. A partir daí, quando o tema mudança vinha à tona, ela aprendeu a visualizar um gatinho sendo gentilmente entregue a ela para ser cuidado. Eu a desafiei a sorrir para o gatinho e, em sua mente, aproximar-se dele com curiosidade e aconchego. Uma vez que ela começou a ver as mudanças de forma mais clara em sua consciência, foi mais fácil para ela repensar seu sistema perfeito.

PEQUENOS HÁBITOS GERAM GRANDES IMPACTOS

Sempre que fizer uma mudança em sua vida, você vai gastar muitos espaços emocionais. Às vezes, podemos fazer isso partir de uma única ação. Mas outras ações precisam acontecer e, mais uma vez, não podemos investir tantos espaços emocionais em algo por muito tempo. Isso faz atitudes como tentar perder peso, parar de fumar e mudar comportamentos indesejados, parecerem rochedos maciços em nossos espaços emocionais.

O hábito, por outro lado, não requer muito espaço. Uma vez que nossos cérebros tenham sido programados para fazer a mesma coisa repetidamente, nosso subconsciente entra em ação, não sendo necessário reunir muita energia para isso.

Deixe-me fazer uma pergunta que costumo levantar durante conferências e palestras: há alguma chance de você esquecer de escovar os dentes hoje? Pois é, eu pensei mesmo que não. Nenhum dos participantes desses eventos se esquece de escovar os dentes (ou pelo menos não admitem isso). Deixe-me fazer outra pergunta. Como você está se saindo com suas resoluções de Ano-Novo? Você ainda vai para a academia todos os dias?

Estejamos ou não cientes disso, o hábito está em jogo todos os dias de nossas vidas. Nosso subconsciente está sempre trabalhando, garantindo que coisas como escovar os dentes aconteçam sem ser necessário pensar sobre isso. Como somos humanos, nossos cérebros estão sempre tentando se tornar mais eficientes. Quando fazemos coisas repetidamente, eles se adaptam para fazer o trabalho de forma subconsciente. Isso faz do hábito uma ferramenta poderosa para garantir que as coisas aconteçam, e isso tende a resultar em um ótimo dia.

Pense na mente como um mapa ou uma coleção de teias de aranha. A memória de cada visão, cheiro, som, sentimento e emoção é mapeada em conjunto quando armazenada no cérebro. Você não se esquece de escovar os dentes ao acordar porque o fato de levantar a cada manhã está relacionado a ir ao banheiro, que está ligado a estar em frente à pia procurando a pasta de dentes. É um hábito enraizado. Isso é o que a PNL ajuda a explicar. O mapeamento da mente nos ajuda a entender como se formam os hábitos. Hábitos bons e ruins, até mesmo vícios, todos se desenvolvem a partir dessas teias de aranha que mapeiam as informações e as unem.

Ao perceber como funcionam os hábitos, você pode usar esse poder para consolidar alguns espaços emocionais. Crie um padrão em torno de algo que precisa fazer, faça-o de novo, mais uma vez, e, eventualmente, o poder do hábito vai se instalar e fazer o trabalho pesado. Em vez de assumir muitas mudanças ao mesmo tempo, comece transformando um novo objetivo em hábito. Trate de mapeá-lo em seu subconsciente e, assim, vai descobrir que tem mais espaço para dar o próximo passo.

POR QUE É DIFÍCIL MUDAR OS HÁBITOS

Já se perguntou por que é preciso tanto esforço para se adaptar a um novo emprego, mesmo sendo perfeitamente capaz e qualificado? Isso acontece porque tudo é novo, e você não adquiriu os hábitos que vão passar a fazer parte da sua rotina. Isso ainda não está mapeado em seu subconsciente. O simples fato de acessar seu e-mail no primeiro dia de trabalho pode usar muito dos seus espaços emocionais. Você pensa: "Qual é minha senha mesmo? Qual é o meu login? Como faço isso? Será que cliquei no botão errado? Por favor, me diga que não enviei isso a todos da empresa!" Com o tempo, porém, você passa a dominar essas partes rotineiras do trabalho e pode usar seu tempo e atenção para se destacar na função para a qual foi contratado.

Mesmo quando você sabe qual deve ser seu próximo passo, o processo de mudança pode ser extremamente desafiador. Qualquer pessoa que tenha deixado de fumar ou cortado as guloseimas do cardápio compreende como é difícil abrir mão da satisfação proporcionada pelo momento atual em prol de um futuro melhor. Seres humanos são mais ou menos motivados a mudar com base em onde se encontram em uma escala que vai do que é pessoal, certo e imediato para o que é impessoal, incerto e atrasado.

Naturalmente, escolhemos atividades que nos dão prazer imediato; se uma fatia de bolo de chocolate parece cair bem agora, e você não tem certeza se vai ganhar cinco quilos amanhã, a tendência é optar por aquilo que proporciona satisfação pessoal, certa e imediata. Pegue seu garfo.

Se o objetivo é mudar um hábito, vale encontrar novas maneiras de mapeá-lo com algo que também seja imediatamente gratificante. Em outras palavras, podemos "enganar" o subconsciente ao preferir o comportamento mais saudável, se ele for igualmente pessoal, certo e imediato. Quando quiser mudar um comportamento específico, não apenas precisa substituir um velho hábito por um novo, mas também praticar até que sua mente seja remapeada para aceitá-lo. Claro, é mais fácil se comprometer com a prática se já está recebendo alguma recompensa pelo novo comportamento.

A construção intencional de um hábito requer treinar seu cérebro seguindo sempre a mesma rota diversas vezes com o objetivo de estabelecer um novo mapa mental. É consciente e consistentemente recriar o mesmo cenário.

Recentemente, trabalhei com uma cliente que queria inserir uma rotina de exercícios físicos mais intensos em sua vida atribulada. Uma das questões que discutimos é como seria difícil fazer essa mudança enquanto ela preferia assistir à Netflix e ficar no Facebook a fim de relaxar e deixar momentaneamente de lado seu trabalho agitado e seus filhos inquietos.

Sabendo como funciona o poder do hábito, trabalhamos no estabelecimento de uma rotina que poderia ser repetida indefinidamente a fim de ajudar seu subconsciente a entrar em ação para que ela não precisasse usar tantos espaços emocionais tentando ficar em forma. Planejamos como ela iria para a academia no mesmo horário, nos mesmos três dias da semana, colocando suas roupas de ginástica todos os dias na mesma hora, dirigindo o mesmo carro e estacionando no mesmo lugar, se possível. Estávamos intencionalmente ajudando seu cérebro a mapear esse hábito para que houvesse menos trabalho consciente. Quando o alarme despertasse às 6h30 da manhã, ela deveria saber que, a partir dali, seria necessário dar início a todo o processo. Era essencial saber onde estavam seus tênis de ginástica, pois eles teriam que estar calçados até às 6h40. Era preciso saber quando entrar no carro para chegar a tempo para a aula das sete da manhã e, enquanto estava na aula, ela já sabia que teria que sair dali às 7h50 para chegar ao chuveiro às oito horas.

Eventualmente, quando um padrão é repetido (na maioria das vezes durante três ou quatro semanas), o subconsciente se adapta e, então, aquilo se torna um hábito. Uma vez construído esse hábito, você usa menos espaços emocionais pensando sobre ele. Quando estiver realmente integrado ao hábito, até mesmo seus processos de pensamento podem mudar. Em algum momento, minha cliente vai sentir falta do treino caso ele não aconteça. Com a mente remapeada, ela vai usar espaços emocionais apenas quando perder um treino. O novo hábito vai parecer uma parte natural de sua vida, não um obstáculo ou obrigação que acaba consumindo muita energia.

As primeiras semanas de qualquer mudança podem ser desafiadoras, por isso ouvimos tantas vezes que ter um parceiro para auxiliar nesse processo realmente ajuda. Para exercícios físicos, isso pode ficar a cargo de um personal trainer, um companheiro de caminhada ou um cachorrinho cheio de energia que precisa sair de casa duas vezes ao dia. Essas são algumas formas de começarmos a entender como projetar na criação de novos hábitos uma forma de liberar energia.

Finalmente, lembre-se sempre de que você tem as rédeas da situação. Atualmente, preciso perder cerca de dez quilos que ganhei durante a gravidez. Hoje em dia, estou aproveitando o poder do hábito para estabelecer uma grande rotina fitness em minha semana com o intuito de me ajudar a ganhar energia e a me sentir forte novamente. Entretanto, como tenho duas crianças menores de três anos em casa e um negócio em crescimento para gerir, reconheço que não encontro espaços emocionais para experimentar uma dieta específica ou contar calorias. Decidi que, por enquanto, construir um hábito fitness é o foco certo para mim — já que preciso me fortalecer e me permitir amar meu corpo, sendo grata a ele por fazer dois lindos bebês. No futuro, tenho certeza de que vou decidir alocar mais espaços emocionais para me concentrar nas mudanças necessárias para perder os dez quilos. Cada vez que tentamos resolver algo que vem ocupando nossos espaços emocionais, podemos optar por agir, deixar para lá, ou ceder para que aquilo fique onde está. Uma vez que isso se torna nossa prática, passamos a possuir nossa própria sabedoria, e agora é possível ir para a parte divertida: criar novos espaços.

EXERCÍCIO Nº 6: FERRAMENTAS DE PAISAGISMO

Agora é hora de ressaltar as coisas que fazemos com frequência e não são eficazes, além de focar como podemos criar hábitos que realmente são úteis.

- **Sistema perfeito**: pergunte a si mesmo qual ação ou crença você pode mudar que forçaria o sistema a criar resultados diferentes. Pode desenhar um mapa de processo para mostrar que crença impulsionou uma ação, que levou à próxima crença e à próxima ação? Você vê alguma falha em seu sistema perfeito?
- **Criar uma mudança de hábito**: pense em algo que ocupa seu espaço emocional no momento, talvez o hábito de comer demais, dormir muito tarde ou deixar a roupa na máquina de lavar durante a noite toda, algo que só consome sua energia e que gostaria de parar de fazer. Agora pense no hábito que deseja criar no lugar disso. Por exemplo, em vez de beber vinho à noite, que tal um chá? Talvez queira criar o hábito de fazer a rotina de sete minutos a cada manhã! Faça o remapeamento do processo e, então, tome medidas. Mantenha seu novo hábito constante por três semanas e observe se seu cérebro começa a se religar.

Capítulo oito

Torne-se um investidor

Viva a vida plena da mente, radiante por novas ideias, embriagado pelo romance do inusitado.

— Ernest Hemingway

A parte mais emocionante do paradigma dos espaços emocionais é que, uma vez realizado o paisagismo básico, é hora de encontrar coisas que geram *mais* energia do que gastam. Tudo começa a se juntar em uma prática em que estamos constantemente gerenciando o uso dos nossos espaços emocionais para que sempre exista lugar livre e disponível para ser feliz. Agora que já aprendemos a deixar para lá e a tomar medidas sobre o que ocupa muito espaço, podemos começar a descobrir o que fazer para proporcionar retorno ao nosso investimento. O que nos devolve mais espaços emocionais do que consome?

Outro dia, vi isso acontecer com uma cliente, Rosa. Ela me contou sobre seu atual papel na empresa e como estava no mesmo cargo por alguns anos. Ela realmente sentia que já deveria ter avançando para uma posição de nível sênior. Rosa estava com receio que seu chefe pensasse que ela não queria mais ser promovida. Some a isso dois adolescentes difíceis em casa e uma sogra em estado terminal. Ela disse que, por mais que desejasse mudar aquela situação, não conseguia ficar entusiasmada em se esforçar para alcançar uma promoção por causa de todo o resto. Além disso, seu trabalho, a vida com adolescente e a doença eram estressantes, e ela, literalmente, não se sentia feliz em nenhum momento do dia.

Pedi a ela que me contasse sobre seu dia a dia, passo a passo. Rosa começava às seis da manhã tentando se antecipar em relação a alguns e-mails enquanto lidava com as reclamações de dois adolescentes enquanto se arrumavam para a escola — isso tudo ainda verificando o telefone, pois os primeiros e-mails do trabalho continuavam a chegar. Caso não conseguisse tomar o café da manhã adequadamente após os filhos saírem, ela comia qualquer coisa enquanto respondia e-mails e se deslocava para o trabalho bem na hora do rush. Às nove, entrava pela porta da empresa e não parava até às cinco da tarde, raramente dando uma pausa para o almoço. Ao ir embora, se sentia culpada por não poder ficar até tarde como seus colegas. Ela chegava em casa às seis da tarde, preparava a comida imediatamente para tentar ter um rápido jantar, que só era agradável se ela e os filhos estivessem de bom humor. Depois, tirava a mesa enquanto lidava com o dever de casa e mais e-mails. Na maioria das noites, ela caía na cama e navegava no Facebook até adormecer. Nos fins de semana, fazia tudo o que podia pela sogra.

Então começamos uma discussão em torno de sua sabedoria para conciliar vida pessoal e trabalho. Onde ela a aplicava? Ela rapidamente admitiu que sentia que não tinha nenhuma sabedoria e, se tivesse, certamente não estava fazendo uso dela. Ela brincou sobre como o termo "sabedoria para conciliar vida pessoal e trabalho" a deixava frustrada, pois sentia que tanto seu trabalho quanto sua família exigiam mais de cinquenta por cento dela. Além disso, essa conta não deixava espaço para ela. Rosa não conseguia separar tudo aquilo em caixas iguais, ela estava exausta e todos os aspectos de sua vida precisavam de sua atenção.

Conciliar os diversos âmbitos de sua vida com sabedoria seria o caminho para colocar algumas escolhas de volta nas mãos de Rosa. Em vez de tentar descobrir como se doar mais, ela precisava dar um passo atrás e deixar de lado algumas das culpas e expectativas que estava carregando, como falamos no capítulo seis. Quando discutimos sobre deixar para lá, Rosa percebeu o seguinte: a crença de que precisava tornar a adolescência de seus filhos extraordinária era uma falácia que pesava sobre ela. Ela também estava batalhando contra a convicção de que, se tivesse mais tempo, eles seriam mais felizes. Mergulhamos nessas crenças para descobrir onde ela estava fortalecida e onde não estava. Rosa notou que seria mais interessante apostar na crença fortalecedora de que o melhor era ensinar aos filhos como ser felizes, e não ser a responsável pela felicidade deles. Percebeu também que suas emoções cotidianas não eram um reflexo de si própria — e ela enxergou que seu "sistema perfeito" havia sido construído de acordo com sua crença.

Rosa compreendeu ainda que seria possível tomar uma atitude em relação ao seu chefe, como abordamos no capítulo sete. Ela poderia falar com ele sobre seu interesse em progredir e ajudá-lo a entender que seria necessário conciliar seu avanço na carreira com as exigências de sua família. Ela sabia que, em apenas alguns anos, quando seus filhos terminassem o ensino médio, ela se sentiria mais entusiasmada para dedicar energia a uma nova função. Enquanto isso, desejava trabalhar com ele em um plano de desenvolvimento que a ajudasse a desenvolver as habilidades necessárias para avançar quando chegasse o momento certo.

Também conversamos sobre as pequenas coisas, como no capítulo cinco. Falamos sobre entrar no Facebook à noite, com baixo estado de espírito depois de uma noite de briga com os filhos, e ver fotos sorridentes dos filhos adolescentes de seus amigos. Quando está em baixo estado de espírito, nosso cérebro busca evidências de que os acontecimentos em nossa vida são, de alguma forma, piores em relação aos de todo mundo. Agarramo-nos a essa mentalidade de vítima como a um distintivo de honra — que o estresse é, de alguma forma, o preço que pagamos para ter sucesso e que não há outra escolha senão nos sentirmos assim. Não era obrigatório navegar pelo Facebook à noite, nem verificar os e-mails durante toda a manhã. Rosa passou a enxergar maneiras de reorganizar pequenas práticas para conseguir algum tempo para tomar um café da manhã decente e garantir uma manhã melhor para si mesma. Ela também se comprometeu a praticar sua rotina de sete minutos a caminho do trabalho para ajudá-la a alinhar sua mentalidade às intenções para o dia.

A última coisa de que falamos foi sobre o que estamos prestes a descobrir neste capítulo. Rosa decidiu incorporar em seu dia, e em sua semana, mais coisas que devolvessem espaços emocionais a ela, como caminhar na praia com seu marido ao anoitecer. Ela também começou a ir à feira de agricultores aos sábados bem cedo para conseguir o produto mais fresco a fim de planejar e cozinhar uma refeição especial à noite (enquanto pede pizza para os filhos). Ela me contou que só o fato de conseguir um pouco de ar fresco todas as noites a ajudou a escapar do seu dia atarefado. Disse ainda que se sente viva, agora que os sábados incluem o ato de cozinhar e de desfrutar de uma refeição exatamente do seu agrado (e não feita para satisfazer o paladar de dois adolescentes exigentes). A forma como Rosa administra seus espaços emocionais atualmente está completamente integrada à sua vida e ao que ela precisa neste momento. A situação pode mudar, mas ela estará pronta. Isso porque ela sabe exatamente como criar espaço livre e como investir algum tempo em si mesma, o que traz retorno sob a forma de mais espaços emocionais.

O QUE DEVOLVE ENERGIA?

Abra a última revista da Oprah e leia o artigo com o título "Cinco maneiras de reduzir o estresse". Ele vai orientar você a procurar uma aula de ioga, a tentar meditação, a cozinhar seu prato favorito e a beber uma xícara de chá de camomila. Todos são bons conselhos, exceto se você for mais do tipo *hardcore*, que prefere beber café à meia-noite ao invés de uma mistura de ervas a qualquer hora do dia. Na verdade, nós precisamos de sabedoria para saber quais atividades, compromissos e relacionamentos nos trazem maior retorno.

Alguns desses impulsionadores de energia parecem absorver ainda mais tempo no início, mas lembre-se de que não estamos apenas organizando nosso tempo. Estamos mudando mentalidades, liberando espaço mental e mudando a maneira como nossa energia é alocada. Os espaços emocionais funcionam por meio de uma matemática muito simples — adicionar ações e subtrair bagagens — e é aqui que entramos em retornos exponenciais.

A questão não é o que nos concede mais tempo, mas o que restaura nossa energia. Ao passarmos uma hora fazendo algo que amamos, quanta energia liberaremos para lidarmos com o resto da vida? Cada um de nós é único, portanto, faz sentido que coisas diferentes reenergizem pessoas diferentes. Não se engane fazendo uma lista de coisas que acha que *poderiam* ajudar. Afirmar "eu deveria estar fazendo isso", muitas vezes, apenas faz as pessoas se sentirem pior. Pare de dizer o que *deveria* ou não estar fazendo! (Não consigo encontrar quem originalmente afirmou isso, mas é uma ótima citação! *Só começamos a nos sentir melhor quando passamos a alinhar nossos pensamentos e atividades aos nossos instintos a fim de gerar mais energia*).

Talvez você ganhe energia ao passar tempo com outras pessoas ou em uma noite com os amigos. Talvez sinta-se melhor separando algum tempo para si mesmo. Para algumas pessoas, é simplesmente passear com o cachorro no parque, para outras é necessário investir em certos tipos de relações ou em grandes objetivos fora do trabalho, como em projetos ou voluntariado. Quando seu amigo recomenda uma aula de meditação, você pode pensar que é uma boa ideia, pois muitas pessoas fazem isso para relaxar. No entanto, se sentir que está se arrastando para ir a cada sessão, provavelmente isso não é para você. Não se torture ou se sinta culpado a cada segunda-feira ao dar mais uma desculpa para não ir à aula, perguntando-se por que é tão preguiçoso. Não precisa adicionar outra atividade à sua agenda se ela só existe para consumir energia.

Para encontrar as atividades que restauram sua energia, pratique-as tornando-se muito presente e consciente de como sua energia estava antes, durante e depois delas. Qual é a sensação de fazer algo que devolve mais energia do que consome? Observe o que sente frente àquele sentimento revigorante. Identifique essas atividades como energias impulsionadoras e passe a separar tempo para elas, não apenas uma vez, mas como uma parte consciente do dia a dia, aproveitando, novamente, o poder do hábito.

FELICIDADE DA ENGENHARIA REVERSA

Quando nós treinamos a olhar para o estresse a partir da estrutura dos espaços emocionais, encontramos novas formas de organizar nossos pensamentos, obrigações e bagagem. É como um jogo de Tetris — isso pode ser deixado aqui, isso pode ser empurrado para lá e, *voilà*, ganhamos mais uma linha. Ao trazer a consciência para essas possibilidades, estamos treinando o cérebro a enxergar maneiras de reembalar e reorganizar os componentes de nossas vidas com o objetivo de liberar mais espaços emocionais.

Vamos agora limpar seus espaços emocionais, realocando as coisas que guardou e as maneiras de gerar mais qualidade para sua vida. Você está em uma boa situação agora, pois é capaz de fazer o que precisa ser feito sem ficar sobrecarregado e se correr o risco de sofrer um burnout. Pode pensar: "Bem, isso é melhor, mas é só isso?" Acho que não. Acredito que ainda existe outro aspecto importante em relação aos espaços emocionais, e esse é o lugar onde você não está mais ocupado demais para ser feliz, aqui pode aprender a alimentar sua alma.

Tenho uma cliente que trocou o antigo emprego por outro que exigia menor carga horária. Depois se mudou com a família para perto do escritório, para que chegasse lá em apenas cinco minutos. O trabalho e a casa foram escolhidos com cuidado, com a clara intenção de controlar seus níveis de estresse. Uma vez que tudo estava no lugar, ela se sentia menos estressada, mas ainda assim não estava feliz e não conseguia identificar o porquê. Na verdade, ela se sentia entediada. Muito espaço havia sido criado, não era mais necessário usar seus espaços emocionais todos os dias com horas e horas de deslocamento — mas aquilo não tinha sido o suficiente. Era necessário dar outro passo. Ela precisava acrescentar à sua vida coisas que trouxessem alegria.

Ela tinha acabado de liberar espaços emocionais, mas aquele espaço estava sendo usado com Netflix, tarefas domésticas, tempo navegando na internet e outras coisas pequenas e sem importância. No final do dia, ela se sentia menos estressada, mas não necessariamente satisfeita. Estava mais feliz do que antes, mas também certa de que havia espaço para mais. Então, sugeri que procurasse projetos ou coisas que alimentassem sua alma. Tivemos algumas discussões produtivas sobre o que poderia trazer alegria de volta à sua vida, e ela mesma se surpreendeu ao recorrer à música — cantar e tocar violão — como fazia quando era criança.

A ideia de pegar em um violão novamente após 15 ou vinte anos era assustadora. Ela carregava muitas questões relacionadas ao motivo de não tocar mais. Não era talentosa o suficiente, já eram muitos anos sem tocar, seria necessário muito esforço para voltar a praticar etc. Finalmente decidimos que colocaríamos aquilo em sua lista de coisas para tentar, embora fosse necessário utilizar muito espaço emocional para que ela pudesse recomeçar. Se você já teve o hábito de se exercitar e o perdeu, sabe como é difícil reiniciar essa prática. Diz a si mesmo como voltar vai ser difícil, que não será bom nisso, entre outras desculpas. A única maneira de deixar esses pensamentos de lado é seguir o que a Nike adverte, "Just do it" [apenas faça, em tradução livre].

Minha cliente levou algumas semanas para ponderar seus próprios pensamentos e, enfim, tirar o violão da caixa. Quando encontrou um tempo livre, o fato de dedilhar o instrumento novamente durante algum tempo reacendeu nela o prazer em fazer música. Ela me disse depois: "Eu tinha esquecido o quanto gosto de estar presente com os sons. Mesmo que minha música não soe muito bem aos outros, é extremamente relaxante e muito bom. É uma sensação de indulgência, porque existe completamente para o meu próprio prazer. Não há metas relacionadas a resultados".

Em vez de praticar a atenção plena, atividades como essa nos trazem naturalmente de volta à presença e à própria atenção plena. Não as sentimos como se fossem tarefas obrigatórias. Na verdade, é quase mágico. Em vez de fazer da atenção plena um exercício, é possível apostar na engenharia reversa como algo capaz de transformá-la em uma reflexão posterior. Como minha cliente e seu violão, não temos que fazer mais nada além de desfrutar de algo. Participar de atividades que trazem alegria não só devolve espaços emocionais, como nos leva a um estado de espírito elevado, o que nos ajuda a ter energia para enfrentar quaisquer outros desafios.

FAÇA UMA OFERTA A SI MESMO

Não tem um violão empoeirado? Não tem ideia do que poderia alimentar seus espaços emocionais? Uma de minhas clientes fez algo absolutamente incrível e, desde então, tenho orientado as pessoas a seguirem o exemplo dela.

Seus sábados típicos envolveriam lavar a roupa, fazer compras no supermercado, parar na lavanderia a seco e, depois, no banco. Ela teria saído da cama mais cedo, tirado o pijama e travado um diálogo interno sobre todas as coisas que deveria executar naquele dia. Ela reconheceu que, no passado, teria tomado conta de mais responsabilidades, e não daria permissão a si mesma para se entregar a qualquer coisa divertida, pois sempre havia algo mais importante a ser feito.

Não neste sábado.

Quando acordou, ela tomou a decisão consciente de que só ia fazer coisas que pudessem devolver espaços emocionais. O dia inteiro.

Primeiro, ela preparou um grande bule de café e se sentou na varanda com seu cachorro. Ela se sentia feliz ali, então ficou sentada lá de pijama até umas 11 horas da manhã, quando finalmente sentiu que era hora de se mexer. Decidiu então fazer algumas compras para si mesma, procurando apenas por itens que a deixassem animada — nada de substituir as velhas roupas íntimas na cor bege! Voltou para casa a fim de experimentar uma nova rotina de ioga com meditação e relaxamento guiados. Ela foi para o andar de cima, desenrolou seu tapete de ioga e ligou o vídeo. A essa altura, seu marido estava curioso a respeito de seu estranho comportamento naquele dia e passou a questioná-la. O que ela estava fazendo? Depois de algumas divertidas provocações, ela finalmente disse que era hora de ele a deixar sozinha para que fosse possível desfrutar de sua prática.

Ele continuou a aparecer com perguntas durante o dia todo, mas ela prosseguiu. Naquela noite, aproveitou para fazer um de seus jantares prediletos e, em vez de se sentar na sala de TV depois disso, aconchegou-se em sua cadeira favorita com um livro que estava na mesa de cabeceira há meses. Ela contou que se sentiu renovada ao final daquele dia. Além disso, ficou muito claro quais atividades faziam com que ela se sentisse bem e o que poderia ser feito para recuperar alguns espaços emocionais. Finalmente, férias! Sem horas de atraso nas viagens ou coquetéis de frutas extremamente caros.

Quando reservamos dias — ou mesmo momentos simples — para reabastecer nossa energia, podemos pensar em nossa prioridade e na energia que temos. Quando minha aluna acordou naquele sábado pela manhã, o primeiro pensamento dela foi sobre formas de recuperar essa energia. Caso não estivesse atenta ao seu plano, provavelmente teria desmaiado às dez da noite por estar exausta de toda aquela roupa para lavar, ter que cozinhar e fazer compras de supermercado. Em vez disso, ela priorizou esse tempo e recarregou as energias tornando-se capaz de lidar melhor com aquelas responsabilidades que a costumam desgastar.

Mais impressionante do que dedicar um tempo para si mesma é a intensidade com que fez isso. Ela foi com tudo, permitindo-se seguir completamente seus instintos a fim de criar mais espaço para si. Como muitos dos nossos espaços emocionais são preenchidos com nosso diálogo mental, é importante nos permitir esse tempo sem pensar em contas ou em tarefas e deveres que não estão sendo feitos enquanto sentamos na varanda com uma xícara de café. O tempo que passamos devolvendo nossas energias é tempo bem gasto — se não estiver verdadeiramente comprometido consigo mesmo nesses momentos, será impossível gerar o espaço que você se propôs a criar.

PROJETE SEU PRÓPRIO DIA

Pensando em seus impulsionadores de energia, projete seu fim de semana, tarde, noite ou dia perfeito — o que quiser que seja. Assim como minha amiga que passou todo o sábado fazendo o que gostava, use sua lista para criar um dia em que você só realiza atividades que restaurem sua energia.

Tirar um dia para si mesmo parece encantador. Porém, para muitas pessoas é um desafio colocar isso em prática. Muitos de nós estamos presos à ideia de que precisamos assumir um autoaperfeiçoamento ou nada mais importa — como se tivéssemos que nos inscrever em um retiro de meditação, ir a seis aulas de ioga por semana e adotar uma dieta vegana — mas estou falando de algo muito mais simples aqui. Seu dia perfeito não precisa ser luxuoso ou caro. Algumas vezes, por exemplo, eu só tenho que pintar minhas unhas dos pés.

Quando estamos ocupados demais para ser feliz é difícil priorizar esses momentos. Se limpar a sua caixa de entrada de e-mail faz você se sentir mais leve no final do dia, faça isso. Ou trate de dar início ao projeto que tem procrastinado. Quando passo dois meses tropeçando nas mesmas caixas com roupas para doar e sei que levo apenas 15 minutos de carro para entregá-las à caridade, gastar esse tempo pode devolver grandes quantidades de espaços emocionais. Dê a si mesmo espaço para isso.

PROJETOS APAIXONANTES E ALEGRIAS SIMPLES

E se você não puder se dar ao luxo de reservar um sábado para seguir sua felicidade? E se estiver lutando contra níveis extremos de exaustão? Pode ser tentador mudar apenas alguma coisa — qualquer coisa — para obter algum alívio. É por isso que adiamos grandes decisões quando estamos nos degraus mais baixos da escada do estado de espírito.

Uma das minhas colegas passou por isso. Ela havia deixado o trabalho para ficar em casa cuidando dos filhos, depois, acabou cuidado também do pai doente. Ela não falava muito sobre essas coisas. Em vez disso, se concentrou nos desafios do seu casamento. Não houve abuso, traição ou deslealdade — ainda assim, de alguma forma, deixar seu casamento parecia uma saída. Foi a única mudança que ela se concentrou em fazer.

Isso não parecia muito certo para mim. O que ouvi foi uma história de duas pessoas muito amáveis e muito exaustas que apenas não tinham espaço sobrando um para o outro.

Começamos a falar sobre coisas que a deixavam animada. Antes de se tornar mãe, ela era uma aventureira que adorava viajar e fazer coisas loucas. Sério. Ela diria coisas como "Se envolve um *bungee jumping*, eu estou lá". Esse tipo de aventura. Nada do que foi falado revelou uma vocação por cuidar ou nutrir. Por conta própria, ela nunca seria enfermeira ou cuidadora. Apenas se tornou cuidadora porque a família precisava dela e ela sabia que era importante alguém assumir esse papel.

Eu não pedi a ela para abandonar esse papel, mas a ajudei a procurar por coisas que ela poderia fazer por si mesma. Quando falava sobre suas últimas aulas de exercícios físicos, por exemplo, ela sempre se iluminava e ficava animada. Olhar sob aquela luz a levou a ir atrás de um certificado de professora de pilates. Ela amava estudar o corpo e o movimento, então as aulas eram muito agradáveis. Quando recebeu sua certificação, começou a ensinar em seu porão e adorou. Embora sua vida tenha ficado mais agitada, ensinar pilates devolveu a ela alguns espaços emocionais e, por fim, energia para seus filhos e família.

Ela estava apaixonada por isso e foi intelectualmente estimulada por sua nova aventura, que, por acaso, também trouxe alguma renda extra. Essa flexibilidade financeira permitiu a ela almoçar fora de vez em quando, sem se preocupar sobre para onde o dinheiro estava indo. Ao ter momentos como esse, ela ganhou algum espaço para reavaliar seu casamento.

Falei com ela muito depois, e seu casamento estava melhor do que nunca. Ela e o marido iam sair de férias e tinham programado coisas divertidas para o verão. Tudo parecia ter voltado ao seu lugar.

Foi necessária alguma criatividade para recuperar aquilo que estava alinhado à sua intuição — extrair um pouco de energia para trazer de volta à sua vida algo que ela pudesse desfrutar. Levá-la a um estado de espírito mais elevado permitiu que ela se entendesse com o marido. Isso mudou a dinâmica do casamento de um tentando fazer o outro feliz para uma reconexão mútua, em que duas pessoas se sentem felizes e trabalham para se conectar. Ela saiu da mentalidade de vítima para a de dona de seu próprio papel no relacionamento, em vez de ser interdependente e presa a circunstâncias difíceis.

Muita gente fracassa na priorização de atividades voltadas para benefício próprio, mantendo seus compromissos focados em outras pessoas. Ninguém deixa de levar ou pegar o filho na creche, mas o café com o amigo será a primeira coisa a ser deixada de lado frente a uma agenda lotada. Isso não quer dizer que não devamos cuidar de nossas crianças — mas você provavelmente sabe exatamente sobre o que eu estou falando.

Os profissionais de sucesso que oriento como coach, tanto homens quanto mulheres, têm muita dificuldade em adiar obrigações com outras pessoas a fim de buscar coisas convencionalmente frívolas para eles mesmos. Embora um projeto apaixonante com grande significado, como ensinar pilates ou tocar violão, possa ser, sem dúvida, algo capaz de devolver espaços emocionais, não há necessidade de ser assim. Rosa, do início do capítulo, não precisava de nada significativo, apenas de um café calmo pela manhã e de um passeio à noite.

Na realidade, o tempo gasto investindo em você e em seus espaços emocionais é mais do que importante e não tem nada de fútil. Descobri que as pessoas que dão baixa prioridade para atividades que aparentemente "não têm valor agregado" são as que mais precisam de diversão. Passo boa parte do tempo tentando convencer esses clientes de que, embora tocar violão pareça uma tolice, já que você não é uma estrela do rock — talvez não grave um CD, talvez nem seja muito bom — esse ainda é um investimento em si mesmo que vale a pena.

A melhor maneira de conquistar mais espaços emocionais é aprender a reconhecer qualquer tendência a ignorar o tempo reservado para nós mesmos, e então identificar as atividades que podemos fazer para recuperar este tempo, movendo-as para o topo da lista. Faça delas hábitos diários da sua vida.

Mantenha seu compromisso com o jogo de golfe na terça-feira à noite — não apenas uma vez, mas de forma consistente por seis a oito semanas. Tenha o hábito de passar tempo consigo mesmo; não só vai se sentir restaurado, como também descobrirá que o mundo inteiro não desaba quando você baixa a guarda. A empresa não vai à falência se sair às quatro e meia da tarde de uma terça-feira. As crianças vão ser alimentadas, mesmo que o jantar esteja um pouco atrasado. Elas ainda vão acordar na manhã seguinte felizes e saudáveis, mesmo que tenha reservado algum tempo para si mesmo na noite anterior. Na verdade, se você está mais feliz, pode ser que todos acordem mais felizes e saudáveis e, sem dúvida, mais produtivos e mais ricos.

GALERIA DE FOTOS

Outro exemplo presente na lista de reenergização vem da interação com uma cliente que lutava contra a depressão. Ela estava esgotada e eu estava tentando ajudá-la a reestruturar um pouco a sua mentalidade. Minha cliente alegou que se sentia muito cansada para assumir uma nova atividade e completamente desconectada do sentimento de paixão.

Após conversarmos um pouco, eu a desafiei a passar algumas horas daquela noite tirando fotos de tudo aquilo o que ela achasse bonito. Fotografar é uma maneira especial de olhar o mundo, pois é necessário estar presente para tirar uma fotografia — de novo, uma abordagem para a engenharia reversa da atenção plena. Isso força você a tomar consciência de tudo ao seu redor e a buscar o que acha bonito. Paralelamente, outras coisas em sua mente começam a desvanecer um pouco enquanto foca sua atenção.

Ela já havia trabalhado com arquitetura e amava fotografia. Por isso, pela primeira vez em algum tempo, ela estava pronta para o desafio. A aventura começou com uma foto de um café com leite servido na Starbucks. Ela fotografou a espuma do leite suspensa sobre o copo e a canela em pó acrescentada para dar efeito. Ela captou a imagem de uma charmosa rua cheia de árvores altas e antigas. Tirou uma foto de um de seus edifícios favoritos no centro da cidade que, durante aquela noite, estava iluminado como uma árvore de Natal. Fotografou também um letreiro de café fofo, uma de suas lojas de sapatos favorita e fez ainda um retrato das pessoas peculiares da cidade, admirando a beleza da humanidade. Posteriormente, revelou quão fantástica era a prática; ela se tornou conectada com o prazer do momento presente, um sentimento que não acessava há muito tempo.

GANHOS EM CURTO PRAZO COM PERDAS EM LONGO PRAZO

O que estou sugerindo parece intuitivo — faça as coisas que gosta — mas lembre-se de que a conscientização é a chave. Nem tudo é capaz de nos devolver algo.

Por exemplo, sair para tomar alguns drinques pode relaxar você, então você sente que algumas taças de vinho tinto toda noite o ajudam a recuperar espaços emocionais. (Essa era uma prática comum em meus "dias de estresse"!) O problema é: hábitos como esse podem levar a consequências inúteis. Seu sono tende a piorar, é possível que ganhe peso e, provavelmente, se sentirá letárgico durante o dia. Quando isso acontece, apesar de se ver por alguns instantes longe do estresse, saiba que está reduzindo seus espaços emocionais em vez de restaurá-los.

Outro "mimo" comum é a comida. Muitos de nós temos o açúcar como muleta; frequentemente contamos com um pedaço de chocolate ou biscoito para passar o dia. Comer um biscoito fresco todos os dias às quatro horas da tarde pode fazer com que se sinta bem naquele momento. No entanto, se isso interferir em seus objetivos de saúde e se as calças continuarem encolhendo na secadora, você tende a se sentir mais desanimado e frustrado em relação ao seu hábito do que confortado por ele. É possível, ainda, que utilize muitos espaços emocionais repreendendo a sim mesmo por ceder todos os dias, embora esse "presente" não esteja alinhado com seus propósitos.

Como já mencionei, as mídias sociais são frequentemente um lugar para onde vamos quando estamos relaxando. Mas isso às vezes cria uma sensação de esgotamento de energia se não estivermos atentos e disciplinados em relação a elas.

Combine seu instinto e autoconsciência para criar hábitos que o renovem e revigorem, reconhecendo o que é bom e pensando no impacto em longo prazo. O instinto nos diz o que é gratificante neste momento; a autoconsciência nos permite saber se estamos recebendo espaços emocionais de volta.

CLARO QUE SIM!

Ainda no intuito de encontrar o que nos energiza, não posso esquecer de fazer uma pausa para mencionar como tomar decisões que melhor nos atendem também pode criar energia. A tomada de decisões consome muitos espaços emocionais, mas não decidir tende a consumir ainda mais. Se bem-feitas, porém, grandes decisões podem trazer um ótimo retorno em relação ao investimento.

Aprendi este pequeno atalho anos atrás quando estava em dúvida sobre se deveria ou não permanecer em um relacionamento. O coach com quem eu estava trabalhando disse: "Eu também costumava ter problemas para tomar decisões, até que alguém me disse isto: 'ou é um *claro que sim* ou é um *não*'".

Como você sabe quando teve uma ideia capaz de devolver espaços emocionais? Geralmente ficamos ansiosos e procrastinamos a tomada de certas decisões. Seja uma oportunidade de trabalho, seja uma casa para comprar, pode ser que não tenha clareza sobre a decisão. Você está preso, e isso consome uma enorme quantidade de espaços emocionais. Sua mente está ocupada pesando os prós e contras. Talvez seja viável aceitar um trabalho mais burocrático, pois ele pode ajudar sua carreira. Talvez as duas horas do trabalho até chegar à casa nova, que tem aquela cozinha incrível, valha a pena. Você simplesmente não tem certeza.

Falei com uma mulher que enfrentava esse mesmo dilema. Ela valorizava profundamente o equilíbrio entre trabalho e as horas de qualidade em casa, mas passou um bom tempo considerando mudar para um emprego que exigia mais horas de trabalho e um trajeto mais longo. Ela tinha ótimas razões para aceitar o emprego — melhor salário, mais visibilidade — no entanto, entrava em conflito com o que ela mais apreciava.

Perguntei a ela: "Esse é o seu trabalho do claro que sim?"

Ela disse imediatamente: "Eu não quero ficar presa no trânsito durante duas horas por dia".

Aquele trabalho não era o "claro que sim" dela. Embora estivesse decepcionada, ao vir à tona com essa informação, ela passou a ter muito mais clareza sobre o que estava procurando.

Você se ouve dizendo "claro que sim"? Um claro que sim não exige muito tempo, energia ou espaços emocionais. Você sabe a resposta. Se eu perguntar se quer ir para as Bahamas na próxima semana, qual será sua resposta? Quando me pediram para liderar um retiro feminino na Toscana, levei cerca de dois ou três segundos para responder. "Quer ir para a Toscana liderar um retiro de mulheres no Debbie Travis' Tuscan Villa?" Claro que sim! Eu não fiz uma série de perguntas. Não analisei demais, não precisei me convencer sobre a oportunidade e não me sentia ansiosa em relação à minha decisão.

Tenho me agarrado ao claro que sim durante tomadas de decisões desde que meu coach compartilhou isso comigo, porque aquilo era extremamente vital para mim naquele momento. Você quer se casar com alguém que não seja um claro que sim? Um bom casamento, um bom emprego, uma boa escolha de carreira, uma boa casa — nada disso vai fluir de uma resposta morna, como: "Tudo bem, talvez isto funcione — talvez se eu racionalizar um pouco mais, vai parecer certo". Portanto, considere qualquer grande decisão que esteja tentando tomar perguntando a você mesmo, "Esse é ou não um claro que sim para mim?"

NÃO, POR ENQUANTO

Pode ser extremamente difícil dizer não, mesmo que algo pareça errado. Mas não precisamos tomar todas as nossas decisões de uma só vez. É apenas uma decisão por enquanto — e um "não, por enquanto" não tem que ser um não para sempre.

Descobri que, se você demora trinta minutos para explicar por que aquela pode ser uma boa decisão, o melhor é tentar dizer "não, por enquanto". Eu sugeri essa prática a uma conhecida minha. Ela estava animada para se mudar para o interior do país, para uma cidade a três horas da sua casa suburbana. Ela e o marido saíram para procurar a residência e, embora ele continuasse empolgado com a mudança, de repente, ela não estava mais. A realidade daquela viagem de três horas a fez refletir. Seus três filhos moravam perto de sua casa atual e ela sentia que eles precisavam dela por perto.

Evidentemente, a mudança não foi um "claro que sim". Mas também não havia certeza de que era um não. Eu perguntei se ela poderia imaginar aquilo como um "não, por enquanto". Talvez eles precisassem ter uma conversa sobre como seria um "claro que sim" para ambos e, a partir daí, pudessem se alinhar a esse objetivo. Olhando dessa forma, eles poderiam se abrir para outras oportunidades. Quem sabe, daria para encontrar a casa perfeita com um grande terreno a apenas vinte minutos de distância.

É possível que eu procrastine e analise em excesso. Por isso, amo usar essa estrutura na hora de decidir algo. À medida que aumento minha consciência em relação ao "claro que sim", tomar importantes decisões que, finalmente, se alinhem com isso gera bastante energia para mim.

O MELHOR DOS MELHORES, O PIOR DOS PIORES

Sentindo que precisa de mais clareza? Que tal usar o "claro que sim" e o "não, por enquanto" a fim de projetar uma bifurcação na estrada que pareça a melhor para você? Gosto de chamar esse exercício de OMM/OPP, que é a abreviação de "O Melhor dos Melhores/O Pior dos Piores". É um processo sobre gerar soluções que aprendi na engenharia de projeto, mas que também se aplica à vida.

Por exemplo, digamos que esteja tomando uma decisão em sua carreira, mas não consegue descobrir o que vem a seguir. Tente se lembrar de todos os empregos que já teve; crie uma lista incluindo até o mais antigo deles. Anote quais foram os piores acontecimentos de cada um desses trabalhos. O pior dos piores. Tudo aquilo que você não suportava. Agora, aponte os melhores momentos desses trabalhos. O melhor dos melhores! Cada fato, grande ou pequeno, que o deixou contente ou que, por um breve momento, fez se sentir entusiasmado por estar lá.

Depois de criar a lista com seus OMM e OPP, veja quais temas e padrões vem à tona. Você amou cada oportunidade que teve de trabalhar com crianças, seja como salvavidas na adolescência, seja ensinando ciências no ensino médio? Você odiou preencher relatórios de despesas e processar pilhas de papel por onde já passou? (Isso era algo que me incomodava bastante!)

Cada um desses aspectos diz mais sobre seus instintos e mostra qual trabalho concede energia e qual o esgota. Ao enxergar isso de forma clara, comece a pensar na próxima decisão possível a partir do que aprendeu, do que energiza você. Eu chamo isso de "efeito vitória-régia".

Imagine que você é um pequeno sapo verde sentado em uma vitória-régia em uma lagoa. Várias outras plantas da mesma espécie flutuam ao seu redor, até onde a vista alcança. Talvez seja ideal examinar todas elas para determinar o melhor caminho até a margem, mas você está sobrecarregado e estático para decidir. Na realidade, pode olhar apenas para as vitórias-régias que estão bem ao seu lado. Se existirem três para as quais pode facilmente saltar, opção A, opção B e opção C — você só precisa decidir qual delas será a escolhida para esse primeiro passo. Você não precisa saber tudo o que vai acontecer a seguir, basta escolher o próximo melhor lugar para pousar.

Voltando agora para seu corpo e cérebro humanos, com espaços emocionais esperando para serem liberados, você simplesmente precisa escolher uma vitória-régia e começar a progredir. A vida nunca vai ser perfeita, mas se uma escolha parecer intuitivamente errada, é provável ela esteja desalinhada em relação ao seu eu autêntico. Às vezes tentamos vender a nós mesmos uma opção, mesmo que ela não pareça certa em um primeiro momento. Se não agir de acordo com o seu não, você o sentirá; ele vai continuar indo e voltando, consumido mais e mais espaços emocionais. Ao ter clareza em relação a esse não, é possível evitar que ele se transforme em uma bagagem a ser levada para o futuro.

A LISTAGEM PARA SEUS ESPAÇOS EMOCIONAIS

Se praticarmos chamar nossa atenção para essas opções energizantes — como listar as prioridades para nossos espaços emocionais — é possível colocá-las em prática mais cedo, assim que não estivermos nos sentimos bem.

Não faz muito tempo, entrei no carro para ir ao médico com o telefone conectado ao *bluetooth* e três das minhas músicas favoritas tocaram uma após a outra. Quando comecei a cantarolar, e depois a cantar totalmente imersa na letra, lembrei-me de como amo música, e isso me fez perceber que eu não estava mais ouvindo música regularmente. Cresci com a música ao meu redor. Minha família era musical, e eu adorava dirigir por Detroit embalada por minhas melodias favoritas. Eu havia esquecido de como o simples fato de ouvir uma ótima canção em meu carro me dava alegria.

Para manter por perto tudo aquilo que é positivo para seus espaços emocionais, faça uma lista de eventos, atividades e pessoas que lhe fornecem muita energia. Itens serão acrescentados a essa lista o tempo todo, principalmente os que trazem alegria. É difícil lembrar o poder restaurador de ouvir uma velha melodia do The Police quando você está em um momento de apreensão. Mas, se isso estiver claro em sua lista, talvez decida dar um simples passeio ao volante ao som daquela música, pois sabe que isso tende a renovar seus espaços emocionais após um dia ruim.

O que energiza os outros pode não funcionar para você, ou pode não funcionar o tempo todo. Algumas pessoas afirmam que o tricô acalma, enquanto outras se sentem confusas ou agitadas. Às vezes, cozinhar me renova, às vezes não. Somente você pode decidir o que entra em sua lista. Basta reconhecer os momentos que fornecem algo em troca. Quando estiver com sua lista em mãos, deixe-a disponível como um lembrete de atividades para tentar quando seus espaços emocionais precisarem de um impulso.

Cada pedaço de seu espaço emocional é parte de um sistema. Mova uma peça e todo o resto vai se deslocar. Ao deixar certas coisas acontecerem e ao agir sobre outras, você trabalha, literalmente, para ter uma vida muito mais viável. Você está desvendando o que realmente significa equilíbrio — não assumir obrigações frustrantes que pesarão só de um lado da balança, sem compensar do outro lado. Não é preciso manter constante equilíbrio, mas, sim, fomentar a consciência contínua de que é possível mover as coisas de uma ponta a outra (e em qualquer lugar ali dentro) conforme necessário. Isso é sabedoria para conciliar vida pessoal e trabalho — e agora você tem um extenso kit de ferramentas para colocá-la em prática. Há apenas mais uma coisa à qual precisamos nos atentar, porque nem tudo pode ser previsto em listas e exercícios.

EXERCÍCIO Nº 7: RETORNO AOS ESPAÇOS EMOCIONAIS

Agora precisamos construir um arsenal de meios que possibilitem receber mais energia do que gastar. À medida em que nos concentramos em atividades que nos dão retorno em relação ao nosso investimento em energia, fica mais fácil priorizá-las mais regularmente.

- **Um dia especial para os espaços emocionais:** visualize como passaria um dia inteiro, se dissessem a você que só seria possível fazer coisas capazes de lhe devolver espaços emocionais. Planeje cada parte de seu dia. Cada momento precisa ser focado em algo para energizá-lo, não o esgotar. (Dica: ao ler seu plano completo para o dia, ele deve funcionar como um "claro que sim" com o qual é fácil concordar que você precisa agir imediatamente!)
- **Pensamento o melhor dos melhores:** se você tem uma grande decisão a tomar, considere a criação de uma lista de OMM/OPP (O Melhor do Melhores/O Pior dos Piores) para ajudar a estimular sua criatividade. Use esse exercício como uma forma de descobrir quais temas e situações têm jogado você para baixo e quais colaboram para trazer mais espaços emocionais à sua vida.
- **Listagem de espaços emocionais**: como é sua lista de espaços emocionais? É possível fazer uma lista com trinta itens que devolvem mais energia do que gastam? Guarde-a em um lugar de fácil acesso para consultar futuramente! (Sim, eu disse trinta itens porque quero desafiá-los a realmente fazer um brainstorming com o objetivo de ir além das coisas óbvias que vêm à sua mente. Faça um esforço!)

Capítulo nove

Quando chega uma tempestade

Como você sobrevive a um tsunami de tristeza? Estando disposto a vivenciá-lo sem resistência.

— Elizabeth Gilbert

Se você for como eu, após adotar alguns desses conceitos vai descobrir que é fácil os seguir. Mas a vida é assim, pode ser que mesmo conseguindo arrumar tudo dentro de si, algo saia dos trilhos. Um membro da família adoece, seu chefe vai à falência ou um tornado destrói sua casa. De repente, seu mundo cuidadosamente elaborado começa a desmoronar a sua volta. É possível que você seja demitido, se divorcie ou tenha um filho diagnosticado com alguma deficiência ou doença.

Uma tempestade é qualquer situação que atinja você diretamente, fazendo com que tudo pareça completamente fora do seu controle, e isso tende a embaralhar e a bagunçar seus espaços emocionais. Ela pode ser tão severa que será capaz de derrubar velhas árvores profundamente enraizadas e de esmagar a maioria das flores coloridas plantadas e regadas com tanto esforço. Depois disso, as coisas vão parecer encharcadas e sombrias.

Ninguém consegue processar "direito" a situação desde o momento em que a tempestade chega até o sol sair novamente. É uma tempestade, e ela vem com todo o caos que isso implica. O que você deve fazer é reconhecer que está passando por uma experiência dolorosa e inquietante e ter em mente que podem ser necessários meses para se adaptar a um novo normal.

A merda sempre bate no ventilador quando você menos espera. De repente, inesperadamente, seu mundo parece ter sido chacoalhado. Isso acontece com todos nós em algum momento de nossas vidas. Você nem sempre terá energia disponível no momento da tempestade. Tudo bem! Use esses princípios para ajudá-lo a recolher e a juntar as peças quando estiver pronto. Dê a si mesmo tempo para processar o que está acontecendo. Dê a si mesmo permissão para ficar zangado, triste, assustado e chateado. Dê a si mesmo permissão para que as coisas fiquem feias enquanto resiste à tempestade.

Não posso dizer como evitar as tempestades. Porém, ao administrar seus espaços emocionais terá as ferramentas necessárias para recuperar o controle mesmo em situações que parecem totalmente caóticas. Manter esse kit de ferramentas à mão é como deixar sua casa pronta para o inverno. Faça tudo o que puder para se preparar para situações inesperadas, que vão desde pequenas despesas não planejadas até grandes transtornos da vida.

O OLHO DA TEMPESTADE

Era uma bela noite de verão, e eu estava passando um tempo com amigos depois de um evento em um campo de golfe. As estrelas brilhavam naquele céu azul escuro e limpo. Grilos cantavam, e uma banda tocou a noite toda. Eu me lembro tão claramente desse momento — e, pensando bem, é *para esses momentos que vivemos*. Mas, naquela noite, quando cheguei da festa, havia uma mensagem de voz do meu pai esperando por mim.

Ele disse: "Não importa o horário, quando receber esta mensagem, me ligue".

Respirei fundo e fiz a ligação. À meia-noite de um sábado, meu pai contou que minha mãe estava com alguns sintomas estranhos, como fala arrastada, e o médico dela havia pedido uma ressonância magnética.

Eles não esperavam encontrar nada sério; apenas queriam se precaver. Ela se sentia bem após o exame. Caminhou, fez as unhas e algumas compras; mas, quando chegou em casa, ligaram do hospital pedindo que ela fosse até lá imediatamente para rever seus resultados.

Os resultados chocaram a todos: minha mãe tinha um tumor cerebral de três centímetros e meio por cinco. Os médicos disseram que ficaram surpresos com o fato de ela ainda estar andando e conversando. Naturalmente, ela foi internada na UTI com planos para ser operada o mais rápido possível. Quando os médicos descobriram que o tumor era operável e não canceroso, decidiram fazer o procedimento dentro de uma semana. E, embora o tumor precisasse de atenção urgente, era uma cirurgia de risco, que poderia facilmente prejudicar sua memória e funções de fala, caso não corresse bem.

Minha mãe voltou para casa por alguns dias antes da cirurgia, e eu fiquei feliz por termos passado algum tempo juntas. Embora estivesse preocupada em relação a como seria depois da cirurgia, usei cada centelha de energia que eu tinha para estar presente com ela. Minha mãe estava bem ali comigo, tudo estava bem naquele momento e eu queria sentir cada segundo daquilo. Eu precisava continuar, de forma consciente, optando por enfrentar o problema dessa maneira e não deixar que meus pensamentos corressem de forma desenfreada.

Quando chegou o dia da cirurgia, esperamos um longo período de nove horas até enxergarmos o rosto sorridente do cirurgião enquanto ele voltava do procedimento. Foi uma operação complexa. Ele precisou tirar o tumor pedacinho por pedacinho, até conseguir separá-lo do cérebro dela, mas o médico se sentiu muito bem em relação aos resultados. Ele nos disse para não esperarmos que minha mãe falasse nos dias posteriores à cirurgia, mas, para nosso choque e deleite, após contarmos que a operação havia sido um sucesso, ela sussurrou: "Ótimo!" Ficamos muito emocionados!

Ela passou algum tempo na UTI, melhorando lenta, mas constantemente. Ficamos bastante impressionados com o progresso dela em tão pouco tempo. Nenhum dos desastres que imaginei havia se tornado real, e minha mãe acabou recebendo alta. Com a situação aparentemente contornada, voltei para Toronto, para meus clientes e negócio.

No entanto, não demorou muito até eu receber outra mensagem do meu pai: "Tivemos que voltar ao hospital. Há algo errado". Minha mãe tirou uma soneca, e quando meu pai foi ver como ela estava, ela se sentou e começou a vomitar. Em poucos minutos minha mãe foi levada para o hospital e logo direcionada ao centro cirúrgico. Joguei um punhado de coisas em uma bolsa e voltei para Michigan, dirigindo direto para o hospital.

Dessa vez, após horas de espera em outra maratona cirúrgica, o médico veio em nossa direção com um olhar completamente exausto e derrotado.

Ele disse: "Lamento muito. Não sei por que isso aconteceu. O cérebro dela começou a sangrar, causando um derrame cerebral. Fizemos o que podíamos para mantêla viva. Tivemos que remover pedaços de tecido cerebral e não sabemos qual será o resultado. Ela pode ficar incapacitada de caminhar, falar ou se lembrar das coisas. Em uma situação como essa, realmente não temos ideia do que pode acontecer. Vamos esperar o melhor".

Como você processa esse tipo de notícia?

Fomos para casa naquela noite, sentamos em volta da mesa e bebemos uísque.

Nenhum de nós tinha ideia do que esperar da recuperação. Sabíamos que minha mãe tinha sobrevivido, mas sua personalidade voltaria? Será que ela se lembraria de nós? Levaria muito tempo para sabermos, pois seu progresso dessa vez foi muito mais lento e muito diferente. Ela não estava se mexendo. Ela não falava conosco. Durante alguns dias, minha mãe ficou em estado de coma, com a cabeça enfaixada e os olhos inchados. Nós simplesmente nos sentamos com ela esperando por alguma mudança.

Minha mãe não só foi uma mãe incrível, mas também tinha se tornado uma das minhas melhores amigas durante minha vida adulta. Eu estava devastada e sobrecarregada, embora tivesse presença de espírito suficiente para lembrar o que aprendi sobre como proteger e dividir meus espaços emocionais. Entre a incrível tristeza e a preocupação, tentei estar consciente a respeito de economizar minha energia para as coisas que mais importavam. Enquanto esperávamos que minha mãe se curasse, era necessário enfrentar o fato de que outros aspectos da minha vida simplesmente ficariam em segundo plano por algum tempo; eu não tinha espaços emocionais disponíveis para qualquer outra coisa. Cancelei o máximo de trabalho que pude e não me lembro de socializar ou participar de nenhum evento. Em vez disso, estava muito claro onde eu realmente precisava concentrar minha atenção, gerenciando meus espaços emocionais.

Tentei determinar onde eu poderia agregar valor ou influenciar a situação. Não era possível determinar se minha mãe viveria ou morreria, ou como ela se curaria, mas eu *podia* me tornar a acompanhante de que ela precisava no hospital. Eu podia falar com seus médicos e enfermeiras. Podia coordenar os horários dos membros da família para que alguém sempre estivesse lá para cuidar dela. Sentindo uma tristeza incrivelmente profunda, eu sabia que poderia ajudar mais se cuidasse de mim mesma ao longo do caminho.

A cada dia, não havia outra escolha senão reabastecer meus espaços emocionais, então desenvolvi um sistema muito simples. Eu levantava cedo pela manhã e tomava uma boa xícara de café antes de chegar ao hospital no momento em que o horário de visita começava. Ficava lá o dia todo, enquanto falava com os familiares pessoalmente, por telefone e por mensagens de texto sobre a condição da minha mãe. Todas as noites, eu fazia uma pausa de tudo isso. Eu buscava meu cachorro e corria em um lindo parque perto da casa dos meus pais. Durante 45 minutos, ouvia minha música favorita e deixava a natureza limpar minha mente e reabastecer meus espaços emocionais. Enquanto corria, me imaginava usando aquela pilha de tristeza como combustível para me manter em movimento. Ia para a cama me sentindo absolutamente exausta, mas minha mente ficava clara por um momento e eu dormia como uma rocha. Eu acordava me sentindo descansada e fazia tudo isso novamente no dia seguinte.

VÍTIMAS DA TEMPESTADE

A prática dos espaços emocionais se tornou tão enraizada em mim que, assim que eu me pego em uma situação de luta e fuga, sei que é necessário adiar qualquer coisa que não é urgente. Trato de cuidar das prioridades que me trariam problemas mais tarde caso eu não lidasse com elas agora. Mas, se não preciso pagar aquela conta para manter as luzes acesas ou manter um compromisso a fim de garantir que meu negócio continue aberto, eu tiro essas obrigações da minha agenda. Tornar-se fluente nos conceitos relacionados aos espaços emocionais e usar cada ferramenta do seu kit regularmente prepara você para utilizá-los de forma subconsciente quando as coisas ficam realmente difíceis.

Enquanto minha mãe estava no hospital, e me permiti ficar sobrecarregada, entrei na mentalidade de vítima. "Por que isso estava acontecendo conosco? Como podia essa mulher saudável estar deitada sem se mexer em uma cama de hospital? Por que médicos e enfermeiras não estavam fazendo coisas melhores ou diferentes? Por que eles não tinham mais respostas? Por que aquele cirurgião foi incapaz de prever isso?" Era necessário fazer um esforço consciente para ouvir esses pensamentos, enxergá-los com a mentalidade de vítima e, então, decidir quais crenças fortalecedoras eu precisava ter em mente. Quando esses pensamentos apareciam, eu tinha que os reconhecer, os deixar passar, e, a partir daí, voltar para a mentalidade de dono.

O que eu poderia fazer para ajudar? Quando uma tempestade nos atinge, cair na mentalidade de vítima é normal. Emocionalmente, você está com seu estado de espírito mais baixo, e tem todos os motivos para se sentir assim. É fácil se enxergar sobrecarregado devido às coisas que estão fora do seu controle e dedicar muitos espaços emocionais a elas, mas isso não é necessário.

Quando você está no meio de uma tempestade, a primeira atitude que precisa tomar é reorganizar seus espaços emocionais a fim de ceder algum lugar ao mau tempo. (Dica: percebeu como no 11 de setembro pessoas que guardavam rancor por anos se abraçaram enquanto se ajudavam mutuamente em busca de segurança? Esse é um simples exemplo de como as pessoas, quando jogadas na tempestade, não possuem mais espaços emocionais para alimentar ressentimentos.) Lembre-se: você só tem uma certa quantidade de espaços emocionais que podem ser usados para ajudar a influenciar isso. Em seguida, identifique as áreas onde possui algum controle e influência e direcione seus espaços emocionais a elas.

Como a melhor acompanhante que minha mãe poderia ter, eu precisava ser os olhos e os ouvidos dela no hospital, prestando atenção a tudo que estava relacionado a seus cuidados, como se ela mesma fosse capaz de fazer isso. Era necessário lembrar que meu trabalho não era atender a toda a família ou cuidar de 17 outras coisas ao mesmo tempo, meu trabalho era apenas ser sua acompanhante. Alguns dias, isso significava simplesmente me sentar ao lado de sua cama e a alimentar com macarrão com queijo. Outras vezes, significava conversar com a enfermeira. Não era meu trabalho saber se ela viveria ou que qualidade de vida teria. Eu estava focada nas áreas onde eu poderia criar influência, deixando todo o resto de lado.

Não foi fácil, é claro. Toda vez que eu deixava o hospital, pensava: "Ah, meu Deus, vou fazer falta. E se ela precisar de mim?" Mesmo que meu pai e meu irmão se certificassem de que ela estaria sempre coberta, eu queria estar lá 24 horas por dia. Eu queria estar lá durante a noite. Mas, como eu desejava desempenhar o máximo possível, estabeleci limites relacionados ao que era possível fazer fisicamente. Estar lá todas as horas de todos os dias não faria de mim uma excelente acompanhante. Para mim, a maneira de causar maior impacto foi ter energia e muita esperança, o que significava ser necessário estar em meu estado mais saudável.

Dormir e correr eram atividades inegociáveis. Sempre dei a mim mesma seis ou sete horas de sono e uma boa xícara de café pela manhã, sem culpa. Acabei me sentindo um pouco egoísta quando tive que dispensar amigos a fim de ter tempo suficiente para correr ou para pensar um pouco; porém, fiz o que era essencial fazer por mim primeiro. Outras vezes, no entanto, estar com um amigo era exatamente o que eu precisava. Ao encontrar com uma de minhas melhores amigas, nós rimos e conversamos sobre a vida dela — não sobre a minha — e isso acalmou minha alma. Tive que me dar permissão para me divertir, mesmo no meio da tempestade.

Assim como ouvimos em todos os voos, precisamos colocar nossas máscaras de oxigênio antes de ajudarmos uma outra pessoa. Quando se sentir culpado pelo autocuidado, reconheça que está fazendo a coisa certa. É *essencial* cuidar de si mesmo a fim de continuar cumprindo com suas responsabilidades.

QUANDO A TEMPESTADE SE TORNA UM TSUNAMI

Uma das primeiras vezes em que minha mãe se sentou depois daquela segunda cirurgia, entrei na sala e a encontrei completamente confusa. Parecia que ela nem sabia que eu tinha entrado. Quando olhou para mim, eu não tinha certeza se ela havia me reconhecido. De repente, eu não me sentia mais forte. Foi isso. Minha própria mãe olhou para mim como se não soubesse quem eu era.

Senti um nó no estômago e comecei a ficar realmente fraca. Não conseguia respirar. Por algumas horas, sentei-me no quarto, invisível para ela. Chorei muito. Sabia que aquilo era realmente ruim. Depois de chorar tudo o que podia, me recompus e voltei ao meu verdadeiro norte. Como posso influenciar essa situação? Procurei uma crença fortalecedora na qual poderia focar. Sim, ela estava incapacitada, mas estava viva, se curando. E, novamente, era preciso me concentrar em ajudá-la a se recuperar ao máximo.

Uma semana depois, durante a estadia no hospital, minha mãe ficou com febre. Depois de vê-la dia após dia, eu tinha começado a me acostumar a conhecer seus movimentos e respostas, mesmo ela não sendo capaz de se comunicar. Só de olhar para ela eu sabia que algo havia mudado, e tive uma forte sensação de que sua saúde estava em declínio, mas parecia que ninguém me escutava. Médicos e enfermeiros me dispensavam dizendo que aquilo era normal, mas eu continuava os desafiando, pois sentia que algo estava mudando para pior. Depois de passar um dia realmente pressionando os médicos e toda a equipe, eu deveria ir para casa passar a noite. No entanto, embora minha mãe não pudesse falar por si mesma, ela parecia estar com dores. Além disso, a febre ainda estava um pouco elevada. Meu instinto dizia que algo não estava certo. Decidi, então, que não iria para casa até me ver livre daquele sentimento incômodo.

Eu estava irritada com o hospital e senti que eles estavam sendo negligentes com a minha mãe. Parecia que ninguém se importava com o fato de que ela não estava bem. Parecia que ninguém estava realmente dando atenção a ela como eu estava. Eu queria reclamar sobre as falhas do nosso sistema de saúde. Sentindo-me exausta, me ouvi choramingando na mentalidade de vítima, o que não ajudava em nada. Então, decidi que era hora de mudar para a mentalidade de dono. Se não era possível sair do hospital naquela noite me sentindo bem com os cuidados destinados à minha mãe, o que mais poderia ser feito? Estava tão frustrada e cansada que agir parecia quase impossível. Mas se eu pudesse *olhar* para aquela situação a partir de uma mentalidade de dono, o que eu faria?

Eu me ausentei do quarto dela e comecei a pensar. "O que eu posso fazer? O que eu posso fazer?" Foi quando tive uma ideia. Minha mãe tinha acabado de ser transferida da UTI para um quarto normal. Fui até a UTI e encontrei um enfermeiro que tinha sido competente e prestativo ao cuidar dela apenas alguns dias antes. Eu o chamei para conversar e pedi ajuda. Expliquei os sintomas da minha mãe e minhas preocupações. Estava sendo cuidadosa para não acusar os enfermeiros ou os médicos de não ajudarem, pois queria encorajar aquele enfermeiro a pensar em soluções comigo, e não a defender práticas de enfermagem.

Eu perguntei: "Se ela fosse sua mãe, e esta fosse a situação, o que você faria?"

O enfermeiro me auxiliou com uma série de respostas. Ele mostrou exatamente o que faria e me orientou não somente a obter informações e a fazer com que as pessoas certas fossem examiná-la com caráter de urgência, como me ajudou a entender a política do hospital. Foram tantas informações que foi preciso tomar nota para lembrar tudo isso.

Quando voltei ao andar onde minha mãe estava internada, segui exatamente as instruções dele. Falei com a enfermeira-chefe e detalhei alguns dos problemas que tinha visto, embora estivesse ciente em não delatar as enfermeiras que cuidaram dela. Às 23h30 havia cinco médicos no quarto da minha mãe. Foram realizados imediatamente exames de sangue e culturas que detectaram uma infecção do trato urinário iniciada há dias no cateter. Antes que eu deixasse o hospital naquela noite, minha mãe já estava tomando antibióticos para ajudar seu organismo a combater a infecção.

Foi uma pequena batalha, não a guerra, mas fui para casa sentindo como se tivesse ganhado. Fui para casa sabendo que era possível fazer esse tipo de coisa ao controlar corretamente minha energia em vez de sentir que eu era uma vítima de tudo o que ela estava enfrentando.

Uma versão mais jovem de mim teria ido para casa, chorado e, depois, passado a noite acordada preocupada. Quando eles finalmente encontrassem a infecção, eu gritaria com qualquer pessoa que entrasse naquele quarto, diria o quão terrível era o fato de eles não terem detectado o problema, tentando atacá-los por meio da culpa. A raiva teria se prolongado, e minhas ações teriam sido guiadas por ela. Mas esse tipo de comportamento só coloca você em conflito com as instituições. O problema de ir para a guerra com uma indústria ou uma instituição é que não se pode vencer. Eles são muito grandes e resta só um grande ressentimento, pois nada pode ser feito. Em vez disso, eu sabia como a mentalidade, a energia e a física dos espaços emocionais funcionavam. Em vez de esperar que as circunstâncias mudassem, eu mudei minha estratégia.

Frequentemente, meus clientes pensam que todas as atribulações vão desaparecer quando eles aprenderem a administrar seus espaços emocionais. Mas as tempestades ainda existem. Elas só não o prendem mais. A magia acontece a partir do reconhecimento dessa necessidade de reduzir seus espaços emocionais a coisas que você realmente pode influenciar, independentemente do que está acontecendo ao seu redor.

Embora eu estivesse furiosa por ter que fazer tudo acontecer, eu também sabia que esse era o meu papel. Havia raiva, tristeza, medo e ansiedade. Todas essas emoções eram reais e estavam presentes no meio dessa perfeita tempestade. Mas era meu papel ser a acompanhante ideal, então eu administrei muito bem essa energia.

CADA TEMPESTADE É DIFERENTE

Durante o outono, minha mãe foi melhorando lentamente. Ela está de volta a quase noventa por cento do que era. Ela consegue andar, falar e dirigir. Infelizmente, não foi possível voltar à sua antiga posição de contadora. (Meu pai gostava de provocar os terapeutas ocupacionais, que avaliavam se minha mãe poderia voltar ao trabalho, dizendo "Você a deixaria calcular seu imposto de renda?") Ela se mantém ocupada se exercitando, cozinhando, tecendo, cuidando de si mesma e batendo papo. A memória dela é ótima. E, embora ainda tenha problemas de saúde e limitações enquanto se esforça para a recuperação total, ela conseguiu vencer a tempestade. Todos nós conseguimos.

As tempestades de cada um de nós são diferentes em tamanho, escopo e dor. Muitas vezes, a perda de controle pode parecer uma grande tempestade. O comum, quando isso acontece, é você cair na dinâmica de luta ou fuga. Seu cérebro reptiliano é acionado e o coloca em modo altamente reativo. De certa forma, essa é a programação do corpo quando o intuito é liberar espaços emocionais para que seja possível focar aquela gigantesca tempestade de estresse. Ao entender essa resposta, você poderá reconhecer que algumas decisões ficam de lado quando uma crise se instala.

Nossos ancestrais entrariam no modo de luta ou fuga caso estivessem em perigo físico. Frente a um tigre, valeria a pena usar toda a energia no intuito de administrar uma resposta. O fato é que ainda reagimos da mesma forma. Se seu melhor amigo sofre um acidente de carro, você não vai dormir ou comer bem, e nada fará sentido. Seu cérebro terá desativado essas funções a fim de direcionar a maior parte de sua energia para lutar ou fugir. Tudo é dedicado a oferecer a melhor resposta possível a essa grave situação.

Perceba ainda que, quando as coisas saem do controle, você anseia por estar no comando de *alguma coisa*. Tomar grandes decisões parece uma forma de recuperar o controle, mas essa não é a saída. Se acabou de descobrir uma traição de seu cônjuge, é tentador responder com força bruta, incendiado o carro dele ou dela ou procurando alguém para culpar. Isso nem sempre vai trazer a resposta desejada. Reconhecer isso permite que faça uma pausa e se dê tempo para processar o choque inicial antes de tomar uma decisão clara no intuito de seguir em frente.

Quanto pior a tempestade, maiores as decisões a serem tomadas. Portanto, tenha cuidado. O tempo é seu amigo. Ao avaliar o trauma, será possível tomar melhores decisões. Você será mais habilidoso se puder dar ao corpo e à mente espaço para processar a situação e, só depois, seguir em frente. Use um pouco de tempo para, primeiro, administrar seu estado de espírito. Isso porque uma ação colocada em prática com baixo estado de espírito tende a não lhe fornecer o melhor resultado a longo prazo.

ENGANE SEU CÉREBRO, FAÇA O OPOSTO

Como suas estratégias e seus pontos fortes não são meus, e os meus não são seus, a melhor maneira de se preparar para as inevitáveis tempestades da vida é olhar para como vem lidando com os problemas. Você os enfrenta de frente ou é mais do tipo que corre para se proteger? É suscetível a assumir muitas responsabilidades a ponto de chegar ao burnout ou costuma driblar o momento em que surge uma crise?

Lembre-se de que nós não analisamos com julgamento. Nossos padrões não são bons ou maus, eles são algo a se entender. Esse é o primeiro passo que leva ao desenvolvimento de uma nova estratégia para enfrentar as tempestades da vida.

Por exemplo, tenho uma conhecida que reage ao estresse parando de comer. É sua resposta de luta e fuga, e ela sabe que está limitando sua capacidade de reagir com sabedoria por não abastecer seu corpo adequadamente. Ela precisa comer, especialmente quando é necessário tomar grandes decisões. Saber disso dá a ela algo de concreto a fazer no momento em que os problemas surgem.

O primeiro passo não precisa ser grande, não é necessário vencer um problema aparentemente invencível de uma só vez. Ela pode começar bebendo um shake de frutas ou comendo um punhado de amêndoas. Esses atos simples podem ser poderosos o suficiente a ponto de enganar sua mente e fazê-la imaginar que as coisas não são tão ruins assim. Faça o oposto do que seu cérebro espera durante sua resposta ao estresse, e você o enganará levando-o a pensar ser possível encontrar um pouco de calma.

Acho que meu primeiro instinto quando estou sob estresse é cortar meu treino para usar tempo e energia focada na tempestade. Ainda costumo fazer isso, e sempre me arrependo. Minha maneira favorita de enganar meu cérebro é apostar em uma "pausa" para fazer um exercício suave durante uma hora, desviando a atenção ao meu corpo e à minha respiração. É difícil para o meu cérebro encontrar o mesmo nível de apreensão e preocupação depois que a energia foi redirecionada por um curto período.

REORGANIZE-SE PARA DAR ESPAÇO À TEMPESTADE

Quando uma tempestade chega, sua prioridade deve ser a redistribuição de seus espaços emocionais disponíveis. Algo grande reivindica muito espaço. Então, o que é possível tirar do caminho por enquanto? Pense nas coisas que você pode fazer para liberar seus espaços emocionais a fim de se concentrar naquilo que é importante no momento.

Quando o marido de uma cliente quebrou a perna, por exemplo, ela sentiu que uma tempestade havia acabado de chegar, a preocupação dela era sobre como eles sobreviveriam. Ela tinha um trabalho exigente e duas filhas, e sabia que seu marido ficaria sem trabalhar por algum tempo lidando com a dor, consultas médicas, fisioterapia etc. Ela já tinha tanto com o que se preocupar, e agora mais isso. Como sempre, nós não podemos escolher quando uma tempestade se aproxima.

Elaboramos um plano para redistribuir a energia. Após mapear todas as suas responsabilidades, ela percebeu que não era possível assumir tudo aquilo. Era preciso ceder. Ela, então, contratou ajuda adicional para a limpeza da casa, conversou com a chefe sobre destinar temporariamente algumas obrigações a um estagiário, pediu à sua mãe para ajudar um pouco mais e passou a fazer seus exercícios físicos durante o almoço, em vez de à noite. Ela colocou o plano em prática e comentou que, de sobrecarregada, começou a se sentir confiante de que eles passariam por esse momento desafiador.

Com seus espaços emocionais rearranjados, o próximo passo é identificar o que consegue influenciar. Uma amiga que enfrentou uma série de cirurgias invasivas para o tratamento contra um câncer de mama decidiu que poderia fazer escolhas a respeito de seu descanso, a conexão com o parceiro, suas relações com os médicos e o uso de medicamentos. Minha amiga também decidiu que, em vez de se deixar esgotar pelo processo, aceitaria as ofertas generosas das pessoas. Ela então recrutou amigos que passaram a lhe entregar refeições caseiras e pediu às pessoas que se sentassem com ela e fizessem companhia. Como era importante ter motivos para olhar em frente, ela começou a planejar uma viagem para quando o tratamento chegasse ao fim.

Todos nós gostaríamos de evitar tempestades, mas, às vezes, o melhor a se fazer é notar que ela está chegando e ter em mente que vai precisar de um momento a fim de construir uma estratégia para resistir a ela. Mesmo a pior tempestade parece mais fácil de controlar se você estiver conscientemente decidido a administrar sua energia — é como ter uma bomba d'água no caso de alagamento em seu porão; graças à sua preparação, esse é agora um problema com o qual pode lidar, em vez de um desastre que o faz recuar permanentemente.

EXERCÍCIO Nº 8: RELÓGIO DO CLIMA

Esta seção está completamente focada no momento em que a tempestade se instala. Se você felizmente não está enfrentando uma tormenta, agora é a hora de deixar sua propriedade à prova d'água. Se estiver no meio da tempestade, use estas práticas para ajudá-lo a encontrar aquele velho gerador empoeirado que guardou no porão.

- **Condições climáticas históricas:** verifique algumas informações consigo mesmo. Como você geralmente responde às tempestades em sua vida? Pense em tempestades anteriores. Como administrou seus espaços emocionais? Como poderia ter melhor gerenciado seus espaços emocionais nessa situação? E, finalmente, você já se deu permissão para deixar as coisas que não podia controlar para lá? Capture o que aprendeu.
- **A previsão do clima para hoje:** ao sentir uma tempestade chegando, pegue um pedaço de papel e trace uma linha vertical para fazer duas colunas com estes títulos: "coisas que estão fora do meu controle" e "coisas que estão sob meu controle". Dedique-se a essa lista, trabalhando para preencher ambos os lados. Quanto mais honesto você for, melhor.
- **Deixe para lá:** permita-se sentir o luto pelo que está fora do seu controle. Permita-se reconhecer que o que está acontecendo é diferente do que queria ou esperava. Honre isso. Permita-se usar espaços emocionais para processar essas informações.
- **Tome atitudes:** trate de agir onde for possível. Encontre algo que possa fazer para influenciar os aspectos da situação que estão sob seu controle. Fique focado neles até quando sua energia permitir. E lembre-se: sua reação a qualquer circunstância conta como algo que você pode influenciar.
- **Libere espaço:** encontre o que de menos urgente está esgotando seus espaços emocionais e veja o que é possível adiar ou colocar em segundo plano por enquanto.

Conclusão

Caminhar pela vida com intenção e propósito é a nossa maior responsabilidade. Isso significa reservar tempo para elaborar seus pensamentos, palavras e ações com integridade. Significa sensatez. Isso requer autoindagação. É refinamento constante. É um pedido para você ter maior consideração por você mesmo. É permissão para brilhar.

— Anônimo

Cinco anos depois de ter feito meu primeiro discurso sobre espaços emocionais, participantes ainda me encontram e dizem: "Eu fiquei extremamente impressionado com o conceito de espaços emocionais. Depois que você explicou, não pude mais deixar de pensar sobre isso".

Outras pessoas declaram coisas como: "Agora, minha irmã e eu usamos o termo 'espaços emocionais' o tempo todo". Ele está sendo agregado ao vocabulário dessas pessoas e fazendo parte da forma como elas andam falando sobre sua energia e sua vida.

Foi assim que soube que este livro precisava ser escrito.

Desde então, aprendi que, se você quiser se tornar um especialista na gestão de seus espaços emocionais, tente escrever um livro sobre o assunto e apenas observe seu nível de estresse aumentar (sim, eu usei a palavra "estresse"). Clicar em "enviar" e avançar rumo aos últimos passos existentes antes da publicação deste livro vai liberar dez toneladas de espaços emocionais para mim. Mas, novamente, quando está sintonizado naquilo o que é importante para você, é possível montar seu negócio, escrever um livro e ter um segundo bebê, tudo de uma só vez — isso se todos esses itens forem essenciais e caso você seja rigoroso em relação à administração de seus espaços emocionais. Todas essas três realizações eram grandes prioridades para mim. Mas tenho que admitir, algumas coisas tiveram que ficar em segundo plano, enquanto outras foram delegadas àqueles ao meu redor.

Na cultura corporativa e de liderança existe a necessidade de oferecermos uns aos outros coaching e apoio em torno dos espaços emocionais. No entanto, tenho notado em muitos ambientes corporativos um viés que parece ir *contra* o gerenciamento inteligente de espaços emocionais. Às vezes, quando um projeto está atrasado ou fora do orçamento, os líderes querem que *pareça* que a equipe está direcionando todos os espaços emocionais a isso, a fim de provar que os funcionários estão realmente envolvidos. Outras vezes, os próprios líderes moldam uma orientação para o estresse que muitos de nós seguimos automaticamente. O problema com ambas abordagens é que elas exacerbam o estresse sem realmente melhorar o desempenho.

O estresse não faz com que as pessoas tenham uma melhor atuação ou produzam mais. Já metas, compromisso, responsabilidade e o fato de se sentir amparado com certeza aumenta a produtividade. O alto estresse pode fazer com que as pessoas se movam mais rapidamente a curto prazo, mas não é sustentável a longo prazo.

Sempre encorajo os clientes a criarem grupos de apoio com colegas ou amigos. Fale com sua equipe ou com outros líderes, talvez durante o almoço, uma vez por mês. Comece um clube do livro e trabalhe com as ferramentas e os conceitos oferecidos aqui. Na parte quatro deste livro, você vai encontrar um guia que o ajudará a fazer isso. Ou, simplesmente, trate de se reunir para uma taça de vinho às terças-feiras à noite para se divertir; você vai perceber como nos sentimos muito mais leves se pudermos simplesmente expressar nossas preocupações, tirando-as do peito e de nossos espaços emocionais.

Também não tenha medo de ensinar seus filhos sobre os espaços emocionais. As crianças de hoje muitas vezes se deparam com agendas lotadas e bullying. Além de geralmente lidarem com a constante influência da mídia e com a pressão dos pais e professores, uma perfeita receita para o burnout.

Quando estão com baixo estado de espírito, as crianças frequentemente sentem como se aquilo fosse durar para sempre. Lembro-me de me sentir assim quando era adolescente; uma coisa dava errado e eu a colocava junto a todos os outros itens negativos nos quais podia pensar até o pessimismo parecer insuperável. Oriente seus filhos explicando que o estado de espírito deles vai mudar e os ajude a dar o primeiro passo nessa direção.

Você pode auxiliá-los a desenvolver resiliência, falando sobre como agir e sobre como deixar para lá. Se outra criança disse algo que fez seu filho se sentir mal, abra espaço para esse sentimento, mas também faça com que ele enxergue as opções que possui frente à situação. É possível agir sobre aquilo ou deixar algo para lá? Como? Eles têm como escolher uma crença fortalecedora?

Mais importante ainda, tome cuidado para que suas ações bem-intencionadas como pai ou mãe não acabe consumindo espaços emocionais dos seus filhos. Eu sei que absorvi dos meus pais a mensagem de que era frustrante ter um desempenho ruim, ou imperfeito, na escola. Com isso, eu entrava insegura em cada teste, o que é irônico porque a sensação de estresse reduz o estado de espírito e prejudica o desempenho. Isso não me ajudou a aprender as matérias cobradas nas provas; o que eu na verdade aprendi foi como me punir repetidamente por não ter me saído tão bem quanto achava que devia.

Quando nos curamos e encontramos espaço para sermos felizes por nós mesmos, é possível aumentar a inteligência emocional para nos ajudar a trabalhar melhor uns com os outros. Se estivéssemos todos munidos com mais consciência em relação aos espaços emocionais, todos os nossos relacionamentos e definições de limites saudáveis seriam muito mais efetivos. Poderíamos perceber o estado de espírito um do outro, a quantidade de espaço livre que as outras pessoas possuem e o que está acontecendo na vida delas.

Este livro valeu todo o espaço que ocupou, porque estou fazendo isso por você. Espero que esteja se sentindo muito mais leve agora. Entre em contato consigo mesmo, agora e sempre, e pergunte: você está feliz? Está caminhando em direção à felicidade? Faça dessa questão o ponto de início e o fim de sua prática. Você não tem que sacrificar a felicidade para viver a vida que escolheu.

Se você achou essas páginas valiosas, sinta-se mais do que bem-vindo a entrar em contato comigo para falar sobre como as ideias aqui discutidas se encaixam em sua vida pessoal, em seu clube de leitura ou em sua vida profissional. Também pode ser interessante levar tudo isso até sua empresa ou a um evento, e eu adoraria trabalhar com você cara a cara nessa capacitação.

O espaço emocional não deve ser uma consideração secundária, mas sim uma parte vital de todo o processo de tomada de decisão. Imagine isso como uma equação. Trate de administrá-lo como faz com o tempo e com o dinheiro. Meça seus relacionamentos e outros pilares de sua vida a partir de seus espaços emocionais, porque essa é a peça que mudará a forma como você pensa sobre tudo.

Espero que tenha achado as ideias deste livro interessantes, e as ferramentas úteis para serem colocadas em prática. Espero que tenha gostado da leitura e encontrado inspiração. Mas, acima de tudo, torço para que você continue pensando nesses conceitos e comece a enxergar as coisas de maneira diferente. Muitas vezes, ao pegarmos um ótimo livro sobre meditação, o aproveitamos por uma ou duas semanas e, depois, o deixamos novamente pegando pó em alguma prateleira.

Eu encorajo você a fazer disso mais uma habilidade e uma prática do que um tópico de um livro. Quero que crie maestria em vez de apenas compreender uma ideia.

Espero que seja uma virada de jogo, porque você merece ser feliz.

Parte quatro:

Seu kit de ferramentas para a sabedoria para conciliar a vida pessoal com a profissional

- Ocupado demais para ler este livro?
- Dê início a uma revolução e a um clube do livro
- Acesso rápido: oito práticas para expandir seus espaços emocionais

Ocupado demais para ler este livro?

Neste ponto, imagino você dizendo: "Sim, Christine, eu entendo o que está explicando sobre espaços emocionais. Mas o que devo fazer a seguir?" Pode ser que tenha lido o livro inteiro, ou talvez resolveu folhear até aqui em uma tentativa desesperada de encontrar algo acionável — agora! Talvez já esteja sobrecarregado, ou pensando sobre o futuro, ou tentando resolver um problema de relacionamento, e deseja colocar em prática as ideias aprendidas, embora essa tarefa pareça difícil.

A melhor, e talvez única, maneira de fazer uma mudança duradoura é através da prática.

Em primeiro lugar, se você tiver pouco tempo, basta ler a parte dois do livro. Entendendo os conceitos de espaços emocionais (capítulo três) e estado de espírito (capítulo quatro), você pode mergulhar no conteúdo e criar uma prática para si mesmo imediatamente. Depois, vá para o exercício nº 4, reserve sete minutos pela manhã, e o inclua em sua rotina. Posso garantir que essa é a maneira mais rápida de obter resultados significativos a partir deste livro.

A partir daí, mantenha-o por perto durante os dias chuvosos. Sou uma grande fã de práticas, exercícios e kits de ferramentas. Se você pegar este livro e visitar os conceitos e as ferramentas cada vez que se sentir extremamente sobrecarregado, as práticas vão acabar se tornando parte do seu repertório de resolução de problemas. Ao guiar regularmente seu cérebro por meio de uma série de passos ou etapas, ele vai se acostumar a seguir esse processo sempre que uma situação ficar estressante.

Os exercícios que escolhi para este livro são de alto impacto e simples de implementar. Muitas pessoas afirmam ser necessário um enorme compromisso de tempo quando o intuito é gerenciar os níveis de estresse, mas isso não é necessariamente verdade. Praticar um novo processo de pensamento pode demorar apenas um minuto; só que você vai precisar repeti-lo diversas vezes. O uso dessas ferramentas requer disciplina, abertura e vontade de se engajar em cada prática.

Dê início a uma revolução e a um clube do livro

O trabalho em grupo pode ser poderoso. E é possível tanto tentar implementá-lo de forma sistemática, como por meio de um clube do livro ou de um grupo de apoio corporativo. Você poderia reunir todos do escritório para aprender maneiras de motivar uns aos outros a fim de reduzir o estresse e fazer com que cada um se sinta mais feliz. Ou você pode experimentar essas ideias por conta própria e conversar sobre elas depois. Este livro está dividido em oito conjuntos de exercícios, que podem ser facilmente definidos como conteúdo mensal para discussões do clube do livro destinadas a se estenderem por cerca de oito a doze meses.

Quando eu trabalho com grupos de liderança corporativa, encorajo todos a fazerem os exercícios na frente dos demais participantes. Quando uma pessoa mostra vulnerabilidade, todos no grupo se sentem menos sozinhos. Eles também podem aprender uma série de métodos novos e interessantes para lidar com tipos semelhantes de estresse. Além disso, quando fala de um desafio abertamente, você presta atenção; ele é claramente colocado em seu radar para que sua mente subconsciente possa começar a trabalhar sobre o problema.

Pode ser que eu ouça pessoas que coloquei para trabalharem juntas terem uma incrível conversa sobre espaços emocionais em uma semana, então, na próxima semana, elas me procurarão com avanços. "Eu finalmente parei de falar sobre isso e fui dar uma olhada na aula de ioga oferecida pela empresa na hora do almoço. Foi incrível! Eu me senti muito bem naquele dia." Elas vão tomar essas atitudes porque a conversa colocou isso no radar delas. Quando eu lidero esses grupos e trabalho com mulheres sobre essas questões, elas acham essas escolhas mais fáceis.

DICAS PARA TRABALHAR EM GRUPO

Você pode acessar a maioria dessas ferramentas por conta própria, mas eu tenho que admitir que tenho tendência a preferir um facilitador qualificado para orientar o estudo. Não há mal nenhum em levantar conversas significativas que poderiam, em última análise, nos ajudar a tomar as melhores decisões sobre estresse e burnout. No entanto, uma estrutura sólida pode ajudar você a se manter no caminho certo.

Se você é o facilitador ou o organizador, faça as perguntas listadas no guia de estudo e, então, sente-se e escute sem julgamento. É fundamental dar espaço para que as pessoas pensem. O perigo é que, como sua intenção é usar esses conceitos para dar apoio a amigos, família e colegas, você pode se sentir tentado a agir como um especialista e solucionador de problemas. Tente sair do caminho e deixe que as pessoas façam isso por si próprias. Seu papel é apoiar. Deixe que elas tenham a experiência que for melhor para elas.

Peça para que as pessoas se abram e compartilhem. Dê espaço para que elas processem as informações e, depois, compartilhe uma observação. Uma observação é diferente de uma recomendação, e pode ser algo como: "Enquanto você estava contando sua história, percebi que a parte da manhã parece mais estressante para você do que a parte da tarde. Isso é interessante. Eu lhe escuto dizer que o fato de seu filho ter esse professor em vez daquele outro faz você sentir mais estressada com a situação".

Se a mãe estressada fica escutando todas as pessoas do grupo dizendo o que pode ser feito nessa situação, é provável que ela se sinta julgada e preocupada com a aprovação dos participantes. No próximo encontro, ela naturalmente vai sentir que precisa explicar o que fez para resolver o problema. Ela pode temer ser rejeitada caso não siga o conselho do grupo. Agora há mais uma expectativa preenchendo seu espaço emocional, e ela não se sente nem um pouco apoiada. É por isso que entender como apoiar as pessoas em seus esforços para reduzir o estresse é importante. Se não tivermos cuidado, podemos adicionar ainda mais estresse.

Oito exercícios para expandir seus espaços emocionais

EXERCÍCIO Nº 1: MAPEIE SEUS ESPAÇOS EMOCIONAIS

Um dos primeiros passos para dominar seus espaços emocionais é tomar consciência de como você está usando essa energia a cada dia.

- **Passo 1:** pergunte-se: "O que vem consumindo meus espaços emocionais neste momento?" Liste tudo o que ocupa seus espaços emocionais em um pedaço de papel. Faça isso o mais rápido possível. Quando achar que listou todos os itens, pergunte a si mesmo: "O que mais?". Descarregue tudo, como se fosse uma desintoxicação. Tanto os pensamentos que aparecem uma vez ou outra quanto as coisas nas quais você não consegue parar de pensar. Coloque fones de ouvido, feche os olhos, faça o que for necessário a fim de despejar tudo em um pedaço de papel. Pode listar, desenhar, ou rabiscar — o que for preciso fazer para visualizar pensamentos, preocupações, planos e emoções que enchem sua mente.
- **Passo 2:** em seguida, pontue cada item de um a dez de acordo com a quantidade de espaço emocional que estão consumindo. Quão urgentes ou intensos eles são? Com que frequência aparecem? Dê dez para as situações e ansiedades que o mantêm acordado à noite,

que consomem cada minuto do seu dia. Atribua um a problemas que passam por sua cabeça de vez em quando, mas não parecem importantes. As demais questões cairão em algum lugar ali no meio. Depois de listar todos os pensamentos usando seus espaços emocionais, e pontuar cada um deles, dê um passo atrás e veja o que se destaca. O que está bem na sua frente e o surpreende? É interessante que cada pensamento recebeu uma pontuação maior do que o anterior? Números não estão necessariamente tão ligados à prioridade quanto a observação e a avaliação.

- **Passo 3:** agora se pergunte: "Quais são minhas prioridades neste momento? Se eu fosse administrar melhor meus espaços emocionais, em que posição eles seriam colocados hoje?" Veja se encontra uma lacuna em algum lugar!

Uma observação: quando as pessoas fazem esse exercício, geralmente ficam furiosas com o fato de que coisas bobas ocupam muito espaço. Não é raro responderem com: "É isso aí! Não vou usar tantos espaços emocionais com o jantar de Natal na casa da minha sogra!". Avalie a observação e não se sinta pressionado a fazer nada neste momento. Nos próximos capítulos, vamos trabalhar a fim de tomarmos inciativa ou a fim de nos libertarmos dos pensamentos. Por enquanto, seja apenas curioso e desenvolva o máximo de consciência possível para que possamos mergulhar em mais trabalhos à frente.

EXERCÍCIO Nº 2: FOQUE A MENTALIDADE DE DONO E DIGA ADEUS À MENTALIDADE DE VÍTIMA

É fundamental ter consciência de quando o pensamento está relacionado à mentalidade de vítima e quando está relacionado à mentalidade de dono. É fácil mudar a mentalidade quando você pode facilmente perceber de onde os pensamentos estão vindo.

- **Passo 1:** quando você se vê tendo pensamentos com mentalidade de vítima? Liste todos os exemplos em que puder pensar. (Dica: todos nós fazemos isso às vezes!)
  Exemplos:
  - Eu simplesmente não tenho tempo suficiente. Eu não consigo fazer isso. Essa grande confusão é culpa dela. Se ele não fosse tão maldoso, poderíamos ser mais felizes.
  - Não há nada que eu possa fazer — só tenho que aguentar. Nada vai ser diferente, a menos que ele mude.
- **Passo 2:** onde você poderia fazer a transição de mentalidade de vítima para mentalidade de dono?

Em vez de se concentrar no problema ou naquilo que parece não funcionar, tente perguntar a você mesmo: "O que eu estou tentando criar?" ou "O que eu gostaria de ver no futuro?" ou "O que posso fazer para mudar esta situação?" Direcione sua atenção e seu foco do que é fixo para onde você pode exercer sua influência. Descobrir onde é possível agir em determinada situação o ajuda a subir a escada do estado de espírito e, assim, reduzir a quantidade de coisas que andam ocupando seus espaços emocionais.

EXERCÍCIO Nº 3: MAPEIE SEU ESTADO DE ESPÍRITO

É fundamental ser capaz de visualizar seu estado de espírito e perceber rapidamente como isso influencia você em cada situação.

- **Passo 1:** pergunte-se: "Quando foi a última vez que senti estar com estado de espírito elevado? Que circunstâncias me colocaram lá?" Quando você está com estado de espírito elevado, o que acontece? O que acontece com seus espaços emocionais? Como isso ajuda você a aprender algo?
- **Passo 2:** quais foram alguns dos momentos em que você esteve com baixo estado de espírito? Como era a qualidade dos seus

pensamentos? Quais foram alguns dos pensamentos que você teve quando estava com baixo estado de espírito?

- **Passo 3:** alcançar a crença fortalecedora é uma das maneiras mais rápidas de mudar o estado de espírito. "Se eu quisesse mudar meu estado de espírito usando uma crença fortalecedora, que crença fortalecedora seria essa?" (Exemplo: Eu sou forte. Eu sou inteligente. Eu tenho as ferramentas de que preciso para fazer algo incrível nessa situação. Eu sei que vou me sentir diferente com relação a isso com o estado de espírito mais elevado etc.)

EXERCÍCIO Nº 4: RESERVE SETE MINUTOS PELA MANHÃ

É possível fazer mudanças reais em seus espaços emocionais e estado de espírito a partir desta prática curta e simples. Reserve entre cinco e sete minutos da sua manhã para ficar a sós. Pegue sua xícara de café e se esconda em seu lugar favorito, como em uma cadeira de leitura. Se as crianças, o cão, o cônjuge ou os companheiros de quarto forem muito barulhentos, utilize os primeiros 15 minutos após chegar ao trabalho. Por exemplo, eu sei que, se conseguir chegar ao meu escritório com meu café antes das 8h45 da manhã, terei 15 minutos para planejar meu dia e fazer meu exercício em paz antes das primeiras ligações começarem.

Caso seja necessário, seja criativo e faça o exercício durante o trajeto para o trabalho, mesmo que no trem ou metrô. Fale sobre essas ideias enquanto estiver dirigindo — use aquele aplicativo do telefone que escreve áudio para captar seus pensamentos. Nada disso precisa estar no papel; você só precisa passar pelo processo de pensamento. Eu prefiro fazer um diário, mas saiba que não existe maneira errada de incluir isso no seu dia a dia.

Trata-se de construir algo para ajudá-lo a praticar uma nova maneira de pensar sobre seu dia, seus instintos e seus espaços emocionais. Use seu telefone ou um cronômetro para que você possa mergulhar totalmente na tarefa sem preocupado com a hora.

- **Minuto 1: silêncio.** No primeiro minuto, fique quieto. Torne-se presente. Não olhe para o cronômetro. Isso permite que você se sente, feche os olhos e tenha um minuto inteiro de paz. Vai parecer um longo período, mas observe se consegue ficar confortável com o silêncio. Aumente esse tempo e vá treinando para chegar até a meditação. No entanto, por hoje, você só precisa de um minuto.
- **Minuto 2: momento para saborear.** Pergunte a si mesmo quais foram seus momentos favoritos nas últimas 24 horas. Ao trazer uma lente de aumento para as melhores partes do seu dia, a cada dia, você passa a desfrutar ainda mais delas (vai pensar: "ah, esse será meu melhor momento amanhã durante minha rotina de sete minutos, com certeza!").
- **Minuto 3: verificação dos espaços emocionais.** Agora que seu estado de espírito se encontra calmo e elevado, pense no que vem consumindo seus espaços emocionais nesse momento. Que tipo de pensamentos ando tendo? Com o que venho me preocupando? Tire tudo do papel. Até mesmo coisas empolgantes podem consumir energia. Apenas perceba o que está consumindo sua energia no momento.
- **Minuto 4: crença fortalecedora.** Identifique as crenças fortalecedoras e as afirmações das quais você precisa se lembrar hoje. Por exemplo: se está preocupado devido a um problema com seu cônjuge, pode pensar que "Sou grato por essa pessoa e vou escolher agir por amor" é sua afirmação. Se espera por novas oportunidades, pode escolher "Eu sei que meu próximo grande trabalho está em algum lugar, quer seja este ou o próximo".
- **Minuto 5: visualize seu grande dia.** Pergunte a si mesmo o que vai fazer hoje para criar mais espaços emocionais. E o que tornaria o dia de hoje excelente? Não bom, mas excelente. Por exemplo, não apenas sobreviver a uma reunião, mas apontar soluções claras para um determinado problema. Ou não apenas jantar com seus filhos, mas sentir que vocês tiveram um tempo de qualidade juntos. Visualize como seria isso. Essa prática

pode fazer a diferença entre ter um dia maravilhoso e continuar simplesmente empurrando a rotina com a barriga.

- **Minuto 6: ação.** Pense nas ações que você precisa tomar para tornar o dia excelente e sentir que está administrando seus espaços emocionais de maneira incrível. Faça algumas anotações sobre as tarefas que estão em sua mente e sobre as ideias que vêm à tona.
- **Minuto 7: recompensa para o cérebro.** Esse último passo é dedicado às *recompensas para o cérebro.* Faça uma pausa para folhear um livro, um blog que você gosta, ou para ouvir uma música. Aposte em uma rápida massagem com um óleo essencial para ajudar a revitalizar seus sentidos. Faça algo agradável para a mente.

Algumas pessoas estendem isso por 15 ou vinte minutos. Mas tenha cuidado — quanto mais longo o exercício, menor a chance de você vivenciá-lo todos os dias. A mágica aqui consiste em criar um hábito com o objetivo de elevar seu estado de espírito e, consequentemente, ajudar você a ganhar percepção e clareza em relação aos seus espaços emocionais.

EXERCÍCIO Nº 5: 15 MANEIRAS DE DEIXAR PARA LÁ

Agora que estamos cientes dos pensamentos negativos que bombardeiam sua mente, é hora de libertá-los. Ainda assim, o conceito de deixar para lá pode parecer vago. Veja quinze maneiras práticas de abandonar algo quando você está convencido de que não consegue fazer isso. Para este exercício, basta escolher um item com o qual vem lutando e aplicar a ele uma ou mais dessas estratégias. Escreva o pensamento negativo e explique por que é hora de o deixar de lado, fazendo referência a qualquer um dos conceitos abaixo.

1. Com o estado de espírito elevado, decida que é hora de perdoar alguém, seja você mesmo ou outra pessoa. Ao fazer isso, é possível liberar espaços emocionais.
2. Observe se você possui expectativas ou acordos em relação a uma pessoa ou situação.
3. Leve em consideração que perdoar não é aceitar ou concordar com o que alguém fez. Isso significa que você está disposto a se libertar e a parar de usar espaços emocionais para remoer aquilo que fizeram de errado.
4. Coloque-se no lugar de alguém que você costuma julgar.
5. Deixe o universo trabalhar, escolha algo que o incomoda e tome a decisão consciente de deixar que algo maior resolva o problema (Universo, Deus, Espírito, Alá, Buda, líderes alienígenas do espaço sideral).
6. Dê a si mesmo permissão para não entender por que aquilo aconteceu. Perceba o que isso pode fazer por seus espaços emocionais.
7. Encontre situações em que esteja julgando demais. Tente imaginar quais perguntas uma mente curiosa poderia fazer sobre esta situação.
8. Liste cinco razões pelas quais esse resultado está de acordo com a atual realidade e pelas quais essa experiência traz benefícios.
9. Embora algo tenha aborrecido você hoje, liste cinco pensamentos negativos atuais que você acredita ser possível, um dia, esquecer ou deixar para lá.
10. Olhe para a situação de fora; finja que não conhece toda a história. Quais partes do enredo pode ter perdido? Finja que acabou de ficar sabendo de algo novo. Como seria se faltassem algumas peças?
11. Tenha em mente o fato de que cada pessoa tenta fazer o seu melhor, dentro do possível, ainda que esse esforço não corresponda com o que você entende ser esse melhor.
12. Escolha uma crença fortalecedora para repetir para si mesmo agora mesmo. Encontre uma que levante seu estado de espírito.

13. Observe onde seu ego está ferido. Lembre-se de que ele não precisa estar certo nem ter voz em todos os momentos.
14. Seja grato por toda sua experiência de vida — da alegria à dor. Meu avô uma vez me disse: "Você é apenas um espírito tendo uma experiência humana".
15. Comprometa-se a amar plenamente o presente, trazendo toda a sua atenção para este exato momento, que é onde você tem o controle. Observe o que cada um de seus cinco sentidos está experimentando. Foque o aqui e agora.

EXERCÍCIO Nº 6: FERRAMENTAS DE PAISAGISMO

Agora é hora de ressaltar as coisas que fazemos com frequência e não são eficazes, além de focar como podemos criar hábitos que realmente são úteis.

- **Sistema perfeito:** pergunte a si mesmo qual ação ou crença você pode mudar e que forçaria o sistema a criar resultados diferentes. Pode desenhar um mapa de processo para mostrar que crença impulsionou uma ação, que levou à próxima crença e à próxima ação? Você vê alguma falha em seu sistema perfeito?
- **Criar uma mudança de hábito:** pense em algo que ocupa seu espaço emocional no momento, talvez o hábito de comer demais, dormir muito tarde ou deixar a roupa na máquina de lavar durante a noite toda, algo que só consome sua energia e que gostaria de parar de fazer. Agora pense no hábito que deseja criar no lugar disso. Por exemplo, em vez de beber vinho à noite, que tal um chá? Talvez você queira criar o hábito de fazer a rotina de sete minutos a cada manhã! Faça o remapeamento do processo e, então, tome medidas. Mantenha seu novo hábito constante por três semanas e observe se seu cérebro começa a se religar.

EXERCÍCIO Nº 7: RETORNO A ESPAÇOS EMOCIONAIS

Agora precisamos construir um arsenal de meios que possibilitem receber mais energia do que gastar. À medida em que nos concentramos em atividades que nos dão retorno em relação ao nosso investimento em energia, fica mais fácil priorizá-las mais regularmente.

- **Um dia especial para os espaços emocionais:** visualize como passaria um dia inteiro, se dissessem a você que só seria possível fazer coisas capazes de lhe devolver espaços emocionais. Planeje cada parte de seu dia. Cada momento precisa ser focado em algo para energizá-lo, não o esgotar. (Dica: ao ler seu plano completo para o dia, ele deve funcionar como um "claro que sim" com o qual é fácil concordar que você precisa agir imediatamente!)
- **Pensamento o melhor dos melhores:** se você tem uma grande decisão a tomar, considere a criação de uma lista de OMM/OPP (O Melhor dos Melhores/O Pior dos Piores) para ajudar a estimular sua criatividade. Use esse exercício como uma forma de descobrir quais temas e situações têm jogado você para baixo e quais colaboram para trazer mais espaços emocionais à sua vida.
- **Listagem de espaços emocionais:** como é sua lista de espaços emocionais? É possível fazer uma lista com trinta itens que devolvem mais energia do que gastam? Guarde-a em um lugar de fácil acesso para consultar futuramente! (Sim, eu disse trinta itens porque quero desafiá-los a realmente fazer um brainstorming com o objetivo de ir além das coisas óbvias que vêm à sua mente. Faça um esforço!

EXERCÍCIO Nº 8: RELÓGIO DO CLIMA

Esta seção está completamente focada no momento em que a tempestade se instala. Se você felizmente não está enfrentando uma tormenta, agora é a hora de deixar sua propriedade à prova d'água. Se estiver no meio da tempestade, use estas práticas para ajudá-lo a encontrar aquele velho gerador empoeirado que guardou no porão.

- **Condições climáticas históricas:** verifique algumas informações consigo mesmo. Como você geralmente responde às tempestades em sua vida? Pense em tempestades anteriores. Como administrou seus espaços emocionais? Como poderia ter melhor gerenciado seus espaços emocionais nessa situação? E, finalmente, você já se deu permissão para deixar as coisas que não podia controlar para lá? Capture o que aprendeu.
- **A previsão do clima para hoje:** ao sentir uma tempestade chegando, pegue um pedaço de papel e trace uma linha vertical para fazer duas colunas com estes títulos: "Coisas que estão fora do meu controle" e "Coisas que estão sob meu controle". Dedique-se a essa lista, trabalhando para preencher ambos os lados. Quanto mais honesto você for, melhor.
- **Deixe para lá:** permita-se sentir o luto pelo que está fora do seu controle. Permita-se reconhecer que o que está acontecendo é diferente do que você queria ou esperava. Honre isso. Permita-se usar espaços emocionais para processar essas informações.
- **Tome atitudes:** trate de agir onde for possível. Encontre algo que possa fazer para influenciar os aspectos da situação que estão sob seu controle. Fique focado neles até quando sua energia permitir. E lembre-se: sua reação a qualquer circunstância conta como algo que você pode influenciar.
- **Libere espaço:** encontre o que de menos urgente está esgotando seus espaços emocionais e veja o que é possível adiar ou colocar em segundo plano por enquanto.

Sobre a autora

Seu trabalho: como fundadora e presidente da Leader in Motion, Christine não é apenas coach, facilitadora, palestrante e consultora. Ela é especialista e implementadora de mudanças. Seu trabalho diário inclui tempo com organizações e executivos, ajudandoos a repensar como podem apostar em mudanças capazes de impulsionar transformações positivas duradouras. Em 2012, Christine assumiu o papel de diretora executiva do Women of Influence Advancement Centre e tem desempenhado um papel fundamental em ajudar centenas de profissionais mulheres a avançar em suas carreiras. Ela ainda trabalhou extensivamente com gestão e em organizações de vendas e gerou muitos resultados focados na mudança cultural, na diversidade e na inclusão.

Clientes: em sua carreira, Christine trabalhou com numerosas organizações, como Vanguard Investments, Scotiabank, Vale, Samsung, KPMG, TD Canada Trust, Sun Rich Fresh Foods, SureShot Dispensing, McCormick Foods, AmEx, SureWerx Safety e PepsiCo. Ela tem o privilégio de receber inúmeros convites para discursar em diversas empresas e organizações. Além disso, já falou em várias conferências, tais como "Forward Together", "The Hope Symposium" e "The National Women's Show". Christine também tem se destacado regularmente como especialista na revista *Women of Influence* e no jornal *The Globe and Mail*.

Credenciais: atualmente, Christine possui certificações em coaching transformador, programação neurolinguística (PNL), psicoterapia e desenvolvimento de negócios e processos Miller Heiman, bem como uma certificação Six Sigma Black Belt focada na solução de projetos complexos. Em mais de dez anos como empresária e líder da Women of Influence Advancement Centre, ela ensinou habilidades a milhares de profissionais e treinou centenas de homens e mulheres que buscavam avançar em suas carreiras.

Formação: Christine começou sua carreira com graduação e mestrado em engenharia. Depois de anos trabalhando como designer de automóveis, ela se juntou à gerência de uma empresa de consultoria e ganhou mais experiência em reestruturação e implementação de mudanças organizacionais. Em 2008, tomou a ousada decisão de começar seu próprio negócio. Hoje, sua empresa ajuda inúmeras instituições a melhorarem a cultura organizacional, a implementarem filosofias de coaching e a incentivarem seus líderes a operarem por meio de seus potenciais máximos.

Conecte-se com Christine para aumentar a sabedoria para conciliar vida pessoal e profissional:

- Site: www.myworklifewisdom.com [conteúdo em inglês]. Inscreva-se em nossa lista de e-mails para obter ferramentas gratuitas, acessar datas de eventos e descobrir como pode aprender a liderar, treinar e facilitar você mesmo esse trabalho. E NÃO, nós não vamos enviar milhares de e-mails ou vender seu endereço de e-mail a terceiros — prometo!
- LinkedIn: Sinta-se à vontade para entrar em contato por meio de um convite a Christine Laperriere

- Instagram: @myworklifewisdom
- Twitter: @myworklifewisdm (sim, sem o "o", pois o nome era muito longo!)

Saiba mais sobre a Leader in Motion em:

- Site: www.leaderinmotion.com [conteúdo em inglês]
- LinkedIn, Facebook, Twitter & Instagram: Leader in Motion, @leaderinmotion